세종 이도의 비밀

우리역사 깊이 읽기

세종 이도의 비밀

머리말

평생 동안 변함없이 백성을 사랑하는 민주적인 군주

조선 왕조 500년에서 가장 훌륭한 임금님을 들라면 여러분은 누구를 손꼽겠습니까? 아니 조선 왕조가 아니라, 단군 이래 가장 훌륭한 임금을 말하라고 해도 대답은 마찬가지일 것입니다.

그렇습니다! 그 분은 바로 세종대왕입니다. 우리는 우리 역사상 세종 대왕보다 더 훌륭한 임금님을 알지 못합니다. 우리 역사에서뿐만 아니라, 인류의 역사에서도 세종대왕을 능가할 분은 아마 찾아보기 힘들 것이라고 생각합니다.

세종대왕은 1397년, 조선 제 3대 임금인 태종 이방원의 셋째 아들로 태어났습니다.

왕위에 오를 수 없던 셋째 왕자 충녕대군이 왕위에 오를 수 있었던 것은 많은 우여곡절이 있었기 때문이지만, 우리 후손들로선 참으로 다행스런 일이 아닐 수 없습니다.

세종대왕은 1418년에 왕위에 올라 33년 동안 나라를 다스리게 됩니다. 그 동안에 참으로 엄청나고도 눈부신 업적을 많이 남기게 됩니다.

역사상 임금이 남긴 업적을 들라고 하

면, 대개 한두 가지가 고작입니다. 고구려의 광개토 대왕이라면 영토 확장을, 신라의 태종무열왕과 문무왕이라면 삼국 통일의 업적을 손꼽게 됩니다. 서양의 경우도 마찬가지입니다. 솔로몬이라면 지혜를, 알렉산더는 영토 확장과 동·서양의 문화 교류 정도일 것입니다.

　그러나 세종대왕의 업적을 꼽으려면 열 손가락이 모자랄 지경입니다. 세계 최초인 측우기를 비롯한 해시계, 물시계를 발명케 하였고, 대마도를 정벌하고 4군과 6진을 개척하여 국방을 튼튼히 하고 영토를 확장하였는가 하면, 이 세상에서 가장 과학적인 글자인 한글을 몸소 창제하기까지 하였습니다. 이밖에도 백성들의 일상 생활과 직결된 농사와 의술과 도덕에 관한 서적을 편찬해 내기도 하는 등 일일이 다 들기 어렵습니다.

　'대지'로 노벨 문학상을 받은 세계적인 작가 펄벅 여사는 세종대왕을 만능 천재 레오나르도 다 빈치에 비교할 만하다고 칭송한 적이 있었습니다. 그런데 이 말은 세종대왕의 재능만을 두고 한 말에 불과합니다. 세종대왕은 재능이 뛰어날 뿐 아니라, 창의적이고 자주적인 뛰어난 정치가였습니다. 그리고 무엇보다 평생 동안 변함없이 백성을 사랑하는 민주적인 군주였습니다.

지은이

차례

비밀 하나!
세종 이도는 왕이 될 수 없었다.
못 말리는 세자 · 14
효령대군의 북 · 20
세자를 바꾸다 · 28

비밀 둘!
세종 이도가 일본을 공격했다.
책을 좋아하는 왕자 · 40
어진 임금의 등극 · 46
대마도 정벌 · 58

비밀 셋!
세종 이도에게 훌륭한 신하가 없었다면, 지금의 명성은 없었다.
집현전을 만들라 · 70
황희와 맹사성 · 76
발명왕 장영실 · 86

비밀 넷!
세종 이도에게는 다양한 재능이 있었다.
과학자 세종 · 96
역사가 세종 · 108

인쇄 기술의 개척자 세종 · 114
음악가 세종 · 118

비밀 다섯!
세종 이도는 민주주의 법을 도입했었다.
나라의 근본 · 128
백성을 위하는 길 · 136
삼강행실도 · 142

비밀 여섯!
세종 이도는 압록강과 두만강을 국경으로 했다.
강한 나라 만들기 · 150
4군 개척 · 158
6진 개척 · 166

비밀 일곱!
훈민정음은 비밀리에 만들어졌다.
글자가 없는 나라 · 176
훈민정음 창제 · 182
해동의 요순 · 194

비밀 하나!

세종 이도는 왕이 될 수 없었다

태종 임금은 미리부터 셋째 아들인 충녕대군에게 왕위를 물려주려고 하지는 않았습니다. 그리고 양녕대군 역시 스스로 세자 자리를 버린 것이 아니라, 방탕한 생활을 계속하다가 태종 임금의 노여움을 사서 세자 자리를 내놓게 된 것입니다.

못말리는 세자

화창한 봄날이었습니다.

오늘도 태종 임금의 맏아들인 제는 책상 앞에 앉아 꾸벅꾸벅 졸고 있었습니다. 제는 이미 다음 왕위를 이어받을 왕세자로 책봉된 몸입니다. 그런데 학문은 뒷전이고, 매일 놀기만 했습니다. 아마 어제도 몰래 궁을 빠져나가 밤늦도록 장안을 쏘다니며 놀다 새벽녘에야 궁궐로 돌아온 모양입니다.

세자의 스승인 빈객들이 세자가 졸음에서 깨어나기를 묵묵히 기다리고 있었습니다. 한참을 기다려도 정신차릴 기미가 보이지 않자, 빈객 중 한 사람인 변계량이 세자를 나지막하게 불렀습니다.

"세자 저하, 이제 공부를 시작하시지요. 이미 시간이 많이 지났습니다."

세자가 슬며시 눈을 떴습니다. 그러나 눈에는 아직도 졸음이 가득하였습니다.

"시간이 많이 지났다고요? 그러면 공부를 이만 마칩시다. 오늘은 몸이 개운치가 않으니 어디 가서 활이라도 한바탕 쏘고 와야겠소."

세자가 기지개를 펴며 일어나려고 하자, 옆에 있던 탁신이 나섰습니다.

"아니 저하, 공부를 시작도 안 했는데, 마치다니요? 그러시면 아니 되옵니다. 자, 정신을 가다듬고 공부를 시작하시지요."

그러나 세자는 못 들은 척하고 자리에서 일어났습니다.

변계량이 목소리를 높였습니다.

"세자 저하! 지금 저하께선 그릇된 길로 가시고 있사옵니다. 마음을 새롭게 하여 학문에 힘쓰고 덕을 쌓아야 합니다."

"아니, 그릇된 길로 가다니! 그건 또 무슨 말씀이오?"

세자가 변계량을 쏘아보며 따지듯이 묻자, 변계량은 목소리를 낮추었습니다.

"요즘 저하께서 금빛 나는 고양이를 구한다는 소문이 나돌고 있사온데, 그게 사실입니까? 사냥에 쓰는 매나 개도 아니고, 그런 요물 고양이를 구해 어디다 쓰시려는지요? 그런 일은 저하께서 하실 일이 못 되옵니다."

"……."

세자는 일어나다 말고 도로 자리에 앉아 입을 다물었습니다.

몇 달 전인가, 세자는 대궐 밖으로 나갔다가 어리라는 예쁜 여자를 만나 대궐 안으로 몰래 데리고 왔습니다. 그런데 그 어리가 금빛 나는 고양이를 가지고 싶다고 세자에게 졸랐습니다. 그래서 아랫것들에게 몰래 구해 보라고 한 적이 있었습니다.

'에이 참! 어떤 놈이 방정맞게 입을 놀렸구나. 혹시 아바마마께서도 이 일을 알고 계신 게 아닐까?'

걱정이 된 세자가 묵묵히 앉아 있자, 빈객들이 세자를 달랬습니다.

"저하, 장차 보위를 이으실 저하께서 이러고 계실 때가 아닙니다. 황공한 말씀이오나, 효령과 충녕 두 아우님을 보옵소서. 두 분의 학문은 이미 세상에 널리 알려져 있사옵니다."

그러자 세자의 얼굴이 갑자기 벌겋게 달아오르면서 눈빛이 거칠어졌습니다.

"아니, 지금 나를 아우들에게 빗대어 욕보이자는 거요?

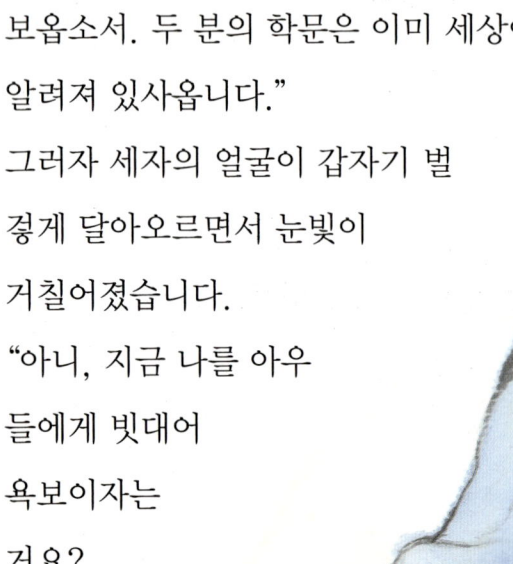

"그, 그게 아니오라, 두 분 대군들께서 하도 열심히 공부를 하시는지라……."

"세상에 알려진 학문이라고? 누가 그 따위 말을 합디까? 내가 본 걸로는, 충녕은 혹시 몰라도 효령은 거짓 공부를 하고 있어요. 내가 세자 자리에서 쫓겨나기를 은근히 기다리고 있는 거나 아닌지……."

"다, 당치 않습니다. 저하! 누가 감히 그런 불충한 마음을 품겠습니까?"

"후후후, 나도 알 만큼은 다 알고 있으니 그렇게 시치미 떼지 마시오. 지금 조정 대신들 대부분이 뒷구멍으로 나를 손가락질하며 비웃고들 있지 않소? 세자 책봉이 잘못되었네 어쩌네 하면서……. 허나 나도 가만히 당하고만 있지는 않을 것이오. 앞으로 누구든 나를 능멸하는 자는 그냥 두지 않겠소! 효령이나 충녕도 마찬가지요!"

말을 마친 세자가 식식거리며 자리에서 벌떡 일어났습니다.

"에이, 기분 나빠서 공부를 못 하겠군. 이만 마칩시다!"

세자는 뒤도 안 돌아보고 밖으로 나가 버렸습니다. 빈객들은 멍하니 세자의 뒷모습을 바라보고 있을 수밖에 없었습니다.

이런 일은 어제 오늘에 시작된 일이 아니었습니다.

세자 제는 어릴 때부터 글공부보다 사냥이나 활쏘기, 말타기, 글씨쓰기 등을 좋아하여, 이따금씩 스승들을 난처하게 만들곤 했습니다. 그러더니 요즘에 와서는 아예 공부를 내팽개친 듯했습니다.

"허어~, 이 일을 어찌하면 좋단 말이오? 만에 하나 전하께서 아시게 되면 큰 난리가 터질 터인데……."

"그러게 말입니다. 세자 저하도 저하지만, 애꿎은 우리들도 무사하지 않을 텐데요."

변계량을 위시한 빈객들은 이러지도 저러지도 못하고, 행여 세자가 돌아올까 하고 자리를 지키고 있었습니다.

효령대군의 북

공부방을 빠져나온 세자는 금새 기분이 좋아졌습니다.
"아~! 정말 날씨 한번 기막히게 화창하구나. 이렇게 좋은 날 갑갑한 방에 틀어박혀 고리타분한 공부만 하라니……. 정말 답답한 사람들이야."
그러면서도 마음 한 구석에는 불안한 생각이 들었습니다.
'아바마마께선 늘 맏아들이 왕위를 이어가야 나라와 왕실이 편안해진다고 하셨는데……. 잘못하다간 내가 큰 불효를 저지르게 되는 거 아닐까?'
세자의 아버지 태종 임금은 태조 이성계의 다섯째 아들로, 이름이 방원이었습니다. 다섯째 아들인 그가 왕이 될 수 있었던 것은, 두 차례나 형제들과의 피비린내 나는 싸움을 벌여 승리를 거두었기 때문입니다.

태조 이성계에겐 모두 여덟 명의 왕자가 있었습니다. 그 중 첫째부터 여섯째까지는 한씨 부인이 낳은 아들들이고,

일곱째와 여덟째는 강씨 부인이 낳은 아들들입니다.

　이성계가 고려를 무너뜨리고 조선을 세운 다음, 맏아들로 왕세자를 정하려고 하였습니다. 그런데 맏아들 방우는 아버지 이성계가 고려를 반역하고 나라를 세운 것을 옳지 않다고 생각하여, 고려가 망하자 숨어 살았습니다.

　맏아들이 왕세자 되기를 거부하자, 당시 왕비였던 강씨 부인은 실권을 쥐고 있던 정도전 일파와 짜고 자기가 낳은 막내아들 방석을 세자로 책봉케 하였습니다.

　그런 뒤, 정도전 일파는 방석으로 왕위를 잇기 위해, 걸림돌이 되는 한씨 부인이 낳은 왕자들을 없애려고 계획했습니다. 그러자 이를 알아차린 다섯째 아들 방원이 1398년(태조 7년)에 군사를 일으켜 정도전 일파와 방석, 방번 등을 모두 죽여 버렸습니다. 그런 다음, 자기의 둘째 형님인 방과를 왕위에 오르게 하였으니 이 분이 곧 조선 왕조 제2대 임금인 정종입니다. 이것이 제1차 왕자의 난입니다.

　그런데 그 후 1400년(정종 2년), 넷째 아들인 방간이 왕위를 탐하여 군사를 일으키자, 이번에도 방원이 나서서 이들을 물리쳤습니다. 이것이 제 2차 왕자의 난입니다.

　형제들 간의 이런 피비린내 나는 다툼 끝에 마침내 1400년,

다섯째 아들인 방원이 정종의 뒤를 이어 왕위에 올랐으니, 이분이 바로 조선 왕조 3대 임금인 태종입니다.

태종은 이와 같은 혈육 간의 피비린내나는 과거 때문에, 자기 다음 대에는 반드시 맏아들이 왕위를 이어가도록 하겠다고 굳게 다짐한 것입니다.

✧   ✧   ✧

세자는 요즘 조정에서 자기를 두고 이러쿵저러쿵 말이 많다는 것을 잘 알고 있었습니다.

'에이, 될 대로 되라지, 뭐. 임금이 안 되면 어때? 골치 썩이는 임금 노릇보다는 좋아하는 일들이나 실컷 하면서 한평생 편하고 즐겁게 사는 게 더 나을지도 몰라.'

세자는 울적한 마음을 달래려고 활터로 갔습니다. 화살을 몇 대 쏘아봤지만, 오늘따라 별 흥이 나지 않았습니다.

"아무리 재미있는 놀이래도 마음이 편해야 하는데……."

그러다가 문득 바로 밑의 동생 효령이 생각났습니다.

"아참! 요즘 효령이 공부를 열심히 한다던데 얼마나 하는지 어디 한번 가볼까?"

세자는 효령대군 집으로 발길을 돌렸습니다. 집 가까이 가자, 담 너머로 글 읽는 소리가 낭랑하게 들렸습니다.

'흥, 글 읽는 소리 한 번 크구나. 저건 남에게 자기가 공부를 열심히 하고 있음을 알리려는 수작이겠지.'

세자가 방문을 열자, 효령대군이 깜짝 놀라 일어서며 인사를 올렸습니다.

"세자 저하. 기별도 없이 어인 일이시옵니까?"

세자는 대꾸도 없이 방바닥에 털썩 주저앉더니 효령대군이 방금까지 읽고 있던 책을 들여다보았습니다.

"자네 지금 무얼 읽고 있는가?"

"예, 요즘 대학 연의를 다시 읽고 있사옵니다."

"대학 연의를? 호오~. 그것 참 자네답지 않구만. 자넨 불경을 읽는 게 취미일 텐데……."

효령대군은 얼굴이 새빨개지며 얼굴을 숙였습니다.

대학 연의는 임금이 갖추어야 할 마음가짐에 대해 해설해 놓은 책입니다. 그런데 효령대군이 그것을 다시 읽고 있다는 것은 무엇을 뜻하는지 알만하지 않습니까? 더구나 평소 불교를 좋아하던 효령대군이 갑자기 유교 책을 읽는다는 것도, 임금 자리를 엿보는 속셈을 보여 세자가 빈정댄 것입니다.

"나는 자네가 무얼 바라고 이러는지 잘 알지. 내가 방탕에 빠져 아바마마와 대신들의 눈밖에 나자, 때는 이 때다 하고 이렇게 머리를 싸매고 공부를 하고 있는 거지?"

"저, 저하! 그, 그런 게 아니오라……."

효령대군의 얼굴이 새하얘졌습니다.

"아니, 그런 자네를 탓하자는 게 아니야. 그러나 이것만은 알아 두게. 내가 아바마마의 눈밖에 나서 세자 자리에서 쫓겨난다 해도 말이야. 그 자리는 자네 것이 안 될 것이네."

"네에?……저, 저하, 그만하십시오!"

효령대군이 참다못해 외쳤지만, 세자는 못들은 척 말을 계속하였습니다.

"요즘 나는 아바마마께 커다란 불효를 저지르고 말았네. 만약 그 일이 세상에 알려진다면 나는 세자 자리를 내놓아야만 될 걸세. 그리고 그 자리는 충녕의 것이 될 거야."

효령대군은 고개를 푹 숙였습니다. 세자는 한동안 말없이 효령대군을 바라보다가 나지막하게 타일렀습니다.

"효령아. 나를 야속하다 생각 말게. 임금 자리에는, 나나 자네는 충녕에 못 미쳐."

"예, 저도 잘 알고 있습니다."

효령대군의 북

효령대군이 고개를 떨구며 말하자, 세자는 고개를 천천히 끄덕였습니다.

"아바마마의 뒤를 잇는 왕위는 충녕이 맡는 게 좋아. 그것이 바로 왕실과 나라를 위하는 최선의 길일세."

말을 마친 세자는 방을 나섰습니다. 효령대군은 인사도 잊고 멍하니 앉아 있었습니다. 이윽고 효령대군의 눈에서 주르르 눈물이 흘러내렸습니다.

"형님, 세자 저하, 죄송합니다."

효령대군은 한참 동안 흐느끼다가 밖으로 뛰쳐나갔습니다. 방 안에 그대로 앉아 있기에는 자신이 너무 부끄러웠기 때문입니다.

효령대군은 평소에 자주 다니던 절로 말을 달렸습니다. 절에 닿자, 효령대군은 북을 꺼내 두드리기 시작하였습니다.

"둥둥둥둥둥둥……."

잠시나마 세자 자리를 넘보았던 부끄러움을 북으로 두들겨 멀리멀리 내쫓으려는 것 같았습니다.

효령대군은 하루 종일 북을 두드리고 또 두드렸습니다. 그러자 북가죽이 부풀고 늘어났습니다.

이 때부터 가죽이 늘어진 북을 '효령대군의 북'이라는 말이 생겨났다고 합니다.

세자를 바꾸다

그 무렵 태종 임금은 개경에 머물고 있었습니다.

얼마 전 넷째 아들 성녕대군이 열네 살의 나이로 세상을 떠나자, 왕비 민씨가 수라를 들지 않고 눈물로 지새는 일이 많았습니다. 그래서 태종 임금은 왕비를 위로하기 위해 잠시 개경에 있는 옛집으로 거처를 옮긴 것입니다.

그 곳에서도 태종 임금은 세자 일로 골치를 앓고 있었습니다.

"후우~, 이를 어쩌면 좋으냐? 하루라도 빨리 세자가 정신을 차려야 할 텐데……. 큰일이로다!"

이즈음 태종 임금도 세자의 방탕한 행동을 어느 정도 알고 있었습니다. 그래서 맏아들에게 왕위를 물려주려는 자기의 소망이 자칫 물거품이 될 지도 모른다는 걱정에 휩싸였습니다.

"불효막심한 놈 같으니! 부모 속을 이렇게 썩이다니……."

그 때 한양으로부터 지신사(도승지 : 임금님을 가까이서 보좌하는 최고의 관리. 오늘날 대통령 비서실장과 같은 직책) 조말생이 왔다는 전갈이 있었습니다. 조말생이 들어오자 태종 임금이 물었습니다.

"한양에는 별일 없소? …… 세자는 어떻게 지내고 있소?"

조말생이 선뜻 대답을 못하고 머뭇거렸습니다.

"뭘 그렇게 머뭇거리시오? 있는 그대로 고하지 않고!"

"전하, 아뢰옵기 황공하오나, 세자 저하께서 성녕대군의 상중에 궁궐에서 활을 쏜 일로 대신들이 야단이옵니다."

"무어라? 궁궐에서 활을 쏴? 그것도 성녕의 상중에? 이, 이런 괘씸한 놈! 제 아우 충녕은 성녕을 살리기 위해 밤을 꼬박 새우며 간호를 했는데……."

태종 임금은 분노로 몸을 부들부들 떨었습니다. 그런데 그게 끝이 아니었습니다. 조말생은 미리 작정을 하고 온 듯, 태종 임금의 눈치를 살피며 조심스럽게 말을 이어갔습니다.

"뿐만 아니라, 요즘 세자궁에서 유모를 구하고 있다는 소문이 있습니다. 아마도 세자 저하께서 대궐 밖에서 데리고 왔다는 어리라는 여인이 아이를 낳은 것으로……."

"그, 그만!"

태종 임금은 더 이상 참지 못하고 연상을 마구 내리쳤습니다.

"쾅쾅쾅쾅!"

"당장 사람을 보내 세자를 오라 하라! 그리고 어리라는 계집과 그가 낳은 아이는 당장 궁 밖으로 내치도록 하라!"

서릿발 같은 명령이 떨어지자, 조말생은 급히 서울로 돌아갔습니다. 그리고 얼마 안 있어 세자가 허겁지겁 개경으로 달려왔습니다.

"아바마마, 부르셨사옵니까?"

세자가 정중하게 인사를 올렸으나, 태종 임금은 인사를 받지도 않고, 그 동안 세자가 저지른 일들을 하나하나 들춰가며 크게 꾸짖었습니다.

대궐 밖으로 몰래 나가 못된 무리들과 어울린 일, 어리를 몰래 대궐 안으로 데리고 와 아기까지 낳은 일, 병을 핑계대고 공부를 자주 빼먹은 일 등, 이제까지 쉬쉬하며 감추어 왔던 일들이 모두 터져 나왔습니다.

"네가 이러고도 이 나라의 왕위를 이어받을 세자란 말이냐? 응!"

태종 임금은 연상을 내리쳤습니다. 세자는 입이 열 개라도 할 말이 없었습니다. 그는 눈물을 흘리면서 용서를 빌었습니다.

"아바마마, 소자를 죽여 주옵소서!"

"이런 고연 놈! 죽는다고 모든 게 해결된다더냐? …… 내가 그 동안 누구를 위해 인륜을 저버리고 그 많은 사람들의 목숨을 거두었느냐? 모두가 맏아들로 왕통을 이어 이 나라의 기틀을

■ 세자를 바꾸다

바로잡기 위한 것이 아니었더냐! 그런데 너는 어찌하여 이 아비의 뜻을 이토록 저버린단 말이냐?"

태종 임금은 목이 메어 더 이상 말을 잇지 못했습니다.

"아바마마, 흑흑흑……."

세자의 울음은 한동안 계속되었습니다.

잠시 후, 태종 임금은 마음을 가라앉힌 듯 차분하게 명을 내렸습니다.

"지난날 세자의 잘못을 두둔하고 감쌌던 황희의 벼슬을 거두고, 세자를 그릇된 길로 인도한 김한로 역시 벼슬을 거둔 후, 죽산으로 귀양을 보내라. 그리고 세자는 다시 한양으로 돌아가게 하고, 서연관들은 예전보다 한층 더 세자 교육에 힘쓰도록 하라."

태종 임금이 세자에게만은 이처럼 너그러운 처벌을 내린 것은 무엇 때문인가? 그것은 무슨 일이 있더라도 맏아들에게 왕위를 물려주어야겠다는 소망을 아직도 버릴 수 없었기 때문입니다.

세자가 한양으로 돌아와 보니, 세자궁은 텅 비어 있었습니다.

어리도 쫓겨났고, 세자빈 역시 아버지 김한로가 벌을 받자 친정으로 돌려보내졌습니다.

세자는 한참 동안 텅 빈 방 안에 앉아 있다가 뭔가를 결심한

■ 세자를 바꾸다

듯, 동궁 내관을 불렀습니다.

"당장 먹을 갈고 붓을 가져 오너라."

내관이 먹을 갈고 물러나자, 세자는 아버지 태종께 올리는 글을 쓰기 시작하였습니다.

그 내용은 '아바마마께서는 시녀를 궁궐에 들이시면서 어찌하여 소자의 시녀는 궁 밖으로 내보내야 합니까.'로 시작하여 그 동안 자신을 나무라기만 한 아버지에 대한 서운함과 쌓였던 울분을 쏟아놓았습니다. 급기야는 태종이 나라를 다스리는 일까지 비난하였습니다.

이 편지는 곧바로 태종 임금에게 전해졌습니다.

"이, 이런 못된 놈이 있는가? 아비가 잘못을 눈감아 주고 그렇게 타일렀건만……."

태종은 분노로 몸을 떨었습니다.

"더 이상 기대할 것이 없구나. 당장 대신들을 들라 하라."

드디어 태종 임금의 분노가 폭발한 것입니다. 전갈을 받은 조정 대신들이 모두 모이자 태종 임금은 무겁게 입을 열었습니다.

"내가 그 동안 부족한 세자를 타일러 좋은 길로 인도하려고 했는데, 이제 그 일이 어렵게 된 것 같소. 이번에 세자를 폐하기로 하였소."

조정 대신들의 반응은 의외로 차분하였습니다. 모두들 언젠가는 이런 일이 오고야 말리라고 짐작하고 있었던 게 분명합니다.

태종 임금의 말은 계속되었습니다.

"그러나 나라의 근본을 정하는 일을 잠시도 미룰 수 없는 법! 경들은 누가 새 세자로 적합한지 아뢰도록 하시오."

이 말에 대신들은 웅성거렸습니다.

다음 세자로 될 만한 인물은 둘째 아들 효령대군과 셋째 아들 충녕대군 밖에 없었습니다. 그러나 아무도 누가 적합하다고 말하지 못했습니다. 만에 하나 자기가 추천한 인물이 세자가 되지 못했을 경우, 자기의 벼슬은 물론이고 목숨까지 내놓아야 될 위기에 처할 수도 있기 때문입니다.

한참 후, 좌의정 박은이 조심스럽게 아뢰었습니다.

"전하, 어진 사람을 고르시옵소서."

"어진 사람이라…… 그게 누구요?"

태종 임금이 묻자, 박은은 대답하지 못하였습니다.

박은은 둘째 효령대군을 추천하고 싶었습니다. 그것은 맏아들이 물러나면, 둘째 아들이 그 자리를 이어받는 게 마땅하다고 생각하였기 때문입니다. 그러나 그것도 생각일 뿐 선뜻 입에 올리지 못했습니다. 박은이 잠자코 있자, 이조 판서 이원이 아뢰었습니다.

"전하, 옛 사람들은 나라의 큰 일에는 거북점을 쳐서 결정하였습니다. 그러하오니 점을 쳐서 정하시는 게 좋겠습니다."

"점을 치다니요? 그게 될 법한 일이오?"

태종이 고개를 흔들자, 영의정 유정현이 아뢰었습니다.

"전하, 예로부터 신하를 가장 잘 아는 것은 임금이고, 자식을 가장 잘 아는 것은 어버이라 하였습니다. 하오니 전하께서 결정하시면 신들은 전하의 뜻에 따를 뿐이옵니다."

"그러하옵니다, 전하."

신하들이 한 목소리로 아뢰자, 태종은 잠시 눈을 감고 생각에 잠겼습니다. 그러나 오래 걸리지 않았습니다.

"옛 사람들이 말하기를, 나라에 훌륭한 임금이 있으면, 나라가 평안하다고 하였소. 효령은 자질이 미약하고 성질이 심히 곧고 약해서 일을 자세하게 따져 처리하는 힘이 부족하오. 무슨 말을 들어도 그저 빙긋 웃기만 할 뿐이므로, 과인은 효령이 웃는 것만 보았을 따름이오. 이에 비해 충녕은 천성이 총명하고 민첩하며 학문을 좋아하여, 몹시 추운 때나 더운 때를 당하더라도 책읽기를 쉬지 않았소. 또한 이치를 잘 헤아려 매양 큰 일에 뜻을 보이는 것이 참으로 합당할 뿐 아니라, 다른 사람이 생각지 못한 것뿐이었소. 그러므로 과인은 충녕을 세자로 정할 생각이오."

태종 임금이 말을 마치자, 유정현을 비롯한 신하들이 입을 모아 아뢰었습니다.

"전하, 신 등이 말씀드린 어진 사람은 바로 충녕대군이었사옵니다."

태종은 곧바로 명을 내렸습니다.

"충녕대군을 새로운 세자로 책봉하고, 폐세자 제에게는 양녕대군의 군호를 내려 광주로 보내라."

이에 태종의 맏아들이며 세자였던 제가 양녕대군이 되어 광주로 내려갔습니다.

그리고 1418년 6월 3일((태종18년), 태종의 셋째 아들인 충녕대군이 새 세자로 책봉되었습니다. 이 때, 그의 나이 스물두 살이었습니다.

여기서 우리가 눈여겨 보아야 할 것은 태종 임금이 미리부터 셋째 아들인 충녕대군에게 왕위를 물려주려고 하지 않았다는 것입니다. 그리고 양녕대군 역시 스스로 세자 자리를 버린 게 아니라, 방탕한 생활을 계속하다가 아버지 태종 임금의 노여움을 사서 세자 자리를 내놓게 된 것입니다.

어떤 이야기에는 세자였던 양녕대군이 셋째 동생 충녕대군의 인품이 뛰어나고 학식이 높다는 것을 알고 스스로 미친 척하여 세자 자리를 양보한 걸로 되어 있습니다.

그러나 이것은 세종 대왕과 그 형제들의 아름다운 우애를 기리기 위해 꾸며낸 이야기일 뿐입니다.

실제로 형 대신 왕위에 오른 세종 임금은 평생 동안 양녕과 효령 두 대군을 극진히 모셨습니다.

비밀 둘!

세종 이도가 일본을 공격했다

대마도에 도착한 군사들은 섬 안과 포구로 흩어져 눈에 띄는 대로 왜구를 베고 배를 불살랐습니다. 이 때 거둔 전과는 불사른 배 129척, 목을 벤 왜구 114명, 사로잡은 왜구 21명, 불사른 집 1939채였습니다.

책을 좋아하는 왕자

새로 세자로 책봉된 충녕대군은 서기 1397년 5월 15일(태조6년)에 정안대군(훗날 태종)의 셋째 아들로 태어났습니다. 그가 태어나자, 당시 임금이었던 태조 이성계는 손자의 탄생을 기뻐하며 손수 이름을 지어 주었습니다.

"이번에 태어난 아기의 이름을 '도' 라 하라."

그 후, 아버지 정안대군이 조선의 3대 임금이 되자, 충녕군으로 봉해졌다가 다시 충녕대군으로 진봉되었습니다.

그러나 세자가 아닌 셋째 왕자인 충녕대군은 세자처럼 훌륭한 스승들한테서 교육을 받지 못했습니다.

세자에게는 영의정, 좌·우의정 등 나라 안에서 내로라하는 학자들이 모두 달라붙어 훌륭한 임금을 만들기 위한 교육을 철저히 시키도록 정해져 있었습니다.

그러나 영의정과 좌·우의정 같은 사람은 공무로 바쁜 사람들이라, 세자 교육은 대체로 세자 시강원의 전담 관료들이 맡게 됩니다.

■ 책을 좋아하는 왕자

　세자 시강원에는 정3품의 필선 1명, 종3품의 보덕 1명, 정5품의 문학 1명, 정 6품의 사서 1명, 정7품의 설서 1명 등 모두 5명이 세자 교육을 담당하는데, 이들은 모두 과거 시험 문과에 당당히 급제한 실력자들이었습니다.
　그러나 충녕대군은 효령대군과 함께 과거에 급제도 못한 생원 이수한테서 공부를 배웠습니다.
　세자와 보통 왕자들이 배우는 공부의 내용도 아주 다릅니다.
　세자는 부모에게 효도하고, 형제들과 우애 있게 지내는 것을 배우는 것은 물론이고, 임금이 지녀야 할 지식과 능력을 기르는 데 목표를 둡니다. 그래서 세자의 공부에는 '소학', '효경', '논어', '맹자', '중용', '대학', '대학연의' 등의 교재가 쓰입니다.
　그러나 왕자들의 교육은 매우 허술합니다. 세자 이외의 왕자들은 그저 글이나 읽을 정도의 교육을 시키는 게 고작이었습니다.
　본래 왕위에 오를 수 없는 왕자들은 시나 예술을 즐기거나 음악이나 화초기르기, 활쏘기 등의 취미 생활을 하며 인생을 보냅니다. 그런데 충녕대군은 달랐습니다. 바둑이나 화초기르기 등은 애당초 좋아하지 않았고, 활쏘기나 서예에 대해선 잘 알고 있었지만 즐기지 않았습니다. 그 대신 농사나 의학, 과학 등 실

생활에 보탬이 되는 일에 관심이 많았습니다. 그리고 무엇보다 책읽기를 좋아하였습니다.

책을 읽는 것도 재미로 내용을 슬쩍 살피는 정도로 읽는 게 아니었습니다. 물론 내용에 따라 다르겠지만, 대개의 경우 여러 번, 수십 번을 되풀이해서 읽어 그 책의 내용을 완전히 익힌 뒤에야 그 책을 손에서 놓았습니다.

이러다 보니 충녕대군의 학문은 날로 발전하여, 그가 세자로 책봉될 무렵에는 조정에서 그를 능가할 만한 학자가 없었습니다. 이는 그가 늘 책을 가까이 했을 뿐 아니라, 머리가 총명하고 기억력이 비상했기 때문이기도 했습니다. 훗날 세종 임금은 자기의 어린 시절을 이렇게 말했습니다.

"내가 왕자로 있을 때, 손에서 책을 놓고 한가하게 지낸 적이 한 번도 없었다."

이런 일도 있었습니다. 어린 충녕대군이 심한 병에 걸려 오랫동안 앓은 적이 있었습니다. 충녕대군이 병석에 누워서도 밤늦게까지 책을 읽고 있자, 걱정이 된 태종 임금이 내관에게 일렀습니다.

"충녕이 병중인데도 계속 책을 읽고 있다니 큰 걱정이다. 가서 그 방에 있는 책을 모두 거두어 오너라."

명을 받은 내관은 충녕대군이 방을 비운 사이, 방에 수북히 쌓여 있던 책을 모두 가져다 숨겼습니다. 방에 돌아온 충녕대군은 깜짝 놀랐습니다.

"아니, 이럴 수가……. 그 많던 책이 모두 사라지다니.……그래, 아바마마께서 내가 책을 읽지 못하게 하려고 누구를 시켜 치웠나 보구나."

충녕대군은 자기를 염려해 주시는 아버지께 감사하였습니다. 그렇지만 책을 못 읽게 되자, 뭔가 큰 것을 잊어버린 것 같아 허전해 견딜 수가 없었습니다.

충녕대군은 혹시나 하고 방 안 곳곳을 샅샅이 뒤져 보았습니다. 그런데 병풍 틈에 무엇인가 끼어 있었습니다.

"어, 이게 뭐지?"

충녕대군이 서둘러 꺼내 보니 예전에 읽다가 끼어 두었던 '구소수간'이라는 책이었습니다. 그 책은 중국 송나라 때의 이름난 문장가였던 구양수와 소동파(소식)가 주고받은 편지를 모아 엮은 책입니다.

충녕대군은 뛸 듯이 기뻐하며 구소수간을 읽고 또 읽고 수백 번을 읽어 나중에는 책이 닳아지고 말았다고 합니다.

충녕대군이 즐겨 읽은 책은 '논어', '맹자', '대학', '중용',

'시경', '서경', '주역'과 같은 사서삼경과 '춘추', '춘추좌씨전'과 같은 역사책입니다.

충녕대군은 이런 책들을 수십 번에 걸쳐 읽었습니다. 특히 사서삼경은 무려 100번이나 읽어 그 내용을 줄줄 외울 정도였다고 합니다.

충녕대군의 이런 성격과 의지력은 훗날 왕위에 오른 그가 보통 사람은 감히 생각도 못할 엄청난 일을 해내는 데 밑거름이 되었습니다.

어진 임금의 등극

 세자를 바꾼 후, 태종 임금은 가슴이 텅 빈 것 같이 허전하여 제대로 정사를 볼 수 없었습니다. 맏아들 양녕대군이 아무리 방탕하고 자기의 속을 푹푹 썩였지만, 막상 세자 자리에서 내쫓고 보니 그 모습이 늘 눈앞에 어른거렸습니다.
 "불효막심한 놈! 부모 가슴에 이런 못을 박다니……. 제 놈이 뭐가 부족해서 아비의 소망을 그토록 저버렸단 말인가?"
 태종 임금의 소망이란 무슨 일이 있더라도 맏아들에게 왕위를 물려주려는 것이었습니다. 이제 모든 것이 물거품이 되고 말았습니다.
 그런데 양녕대군은 광주로 쫓겨난 후에도 계속 말썽을 일으켜 태종 임금의 속을 태웠습니다.
 "불쌍한 놈! 언제까지 정신을 못 차리고 저럴꼬……."
 그러던 태종 임금도 문득 새로 세자가 된 충녕대군의 얼굴이 떠오르면 근심이 봄눈 녹듯 사라지고 마음이 푸근해졌습니다.
 "그래, 차라리 나라를 위해서는 잘 된 일이야! 앞으로 이 나라

■ 어진 임금의 등극

는 충녕같이 총명하고 학문이 뛰어난 임금이 태평성대를 열어야 돼."

충녕대군이 세자로 책봉된 후에는 중신들 입에서 세자를 비난하는 소리가 전혀 들리지 않았습니다. 오히려 새 세자의 뛰어난 학문을 칭찬하는 소리만 들려 왔습니다.

세자로 책봉된 후에도 충녕대군의 공부는 하루도 거를 날이 없었습니다. 이러다 보니 곤욕을 치르는 것은 세자의 스승인 빈객들이었습니다.

"허허, 이것 참. 양녕대군께서 세자로 계실 때에는 공부를 안 해서 걱정이더만, 지금 세자께선 공부를 너무 열심히 해서 걱정이로군요."

"허허허. 그러게 말입니다. 지난 번 경연을 맡은 분은 준비를 소홀히 했다가 큰 꾸지람을 들었다지 않아요?"

"학문이 도저하시고 작은 일 하나도 소홀히 넘기시질 않으니, 앞으로 각별히 조심해야겠습니다 그려."

사실입니다. 새 세자인 충령대군은 한 번 공부를 시작했다 하면 끝장을 보고야 말았습니다. 조금만 의문이 생겨도 그대로 넘기는 법이 없었습니다. 의문을 끈질기게 파고들어 완벽하게 이해되어야만 다음으로 넘어갔습니다. 그리고 결론이 나지 않으면 강론은 계속되었습니다. 그러다 보니 걸핏하면 밤늦게까지 빈객들과 열띤 논쟁이 벌어졌습니다.

충녕대군이 세자로 책봉된 지 두 달 쯤 지났을 무렵인 1418년(태종 18년) 8월 4일, 갑자기 태종 임금이 가까운 신하들을 불러들였습니다.

"전하, 찾아 계시옵니까?"

"그렇소. 경들과 긴히 의논할 일이 있어서 불렀소."

"긴히 의논할 일이라니요?"

신하들은 또 무슨 일이냐 싶어 잔뜩 긴장하였습니다.

"허허허, 긴장할 것 없소. 다름이 아니라, 새 세자가 제 몫을 다하니 과인은 이만 물러나 쉴까 하오."

청천벽력 같은 임금의 말에 신하들은 깜짝 놀라 머리를 조아리며 아뢰었습니다.

"당치 않사옵니다, 전하! 세자 저하가 책봉된 지 이제 겨우 두 달밖에 지나지 않았사옵니다."

"그렇사옵니다, 전하! 명을 거두어 주오소서."

신하들은 한 목소리로 태종을 만류하였습니다.

그러자 태종은 목소리를 높였습니다.

"이것들 보시오! 과인이 보위에 오른 지 올해로 18년이나 되었소. 덕이 없는 사람이 임금 자리에 오래 있다 보니 수해와 가뭄이 해마다 거듭되고, 왕실에도 크고 작은 소란이 끊이질 않았어요. 그리고 급기야는 세자까지 바꾸는 소동이 일어나지 않았소? 다행히 새 세자가 총명하고 덕이 있는 것 같으니, 이쯤에서 보위를 세자에게 물리는 것이 왕실과 나라를 위해 좋을 것 같소."

"아니되옵니다, 전하!"

신하들은 한 목소리로 불가하다고 아뢰었습니다. 그러자 태종은 역정을 내었습니다.

"왜 이렇게들 과인의 뜻을 몰라주는 게요? 내가 기력이 떨어져 보위를, 다른 사람도 아닌 총명하고 심성이 착한 내 아들에게 물려주겠다는데, 왜 안 된다고만 하는 게요! 내관은 듣거라, 당장 상서사에 가서 옥새를 가져오고, 세자를 들라 하라!"

태종 임금의 성미를 아는 지라, 이제 아무도 왕명을 거역할 수 없었습니다. 내관 최한이 상서사에 보관되어 있는 옥새를 가져오고, 세자도 대전으로 불려왔습니다.

세자는 내관에게 들어 이미 대전에 어떤 일이 있었으며, 아버지가 자기를 왜 부르는지 알고 있었습니다. 그래서 태종 임금 앞에 나아가자마자 엎드려 간곡히 애원하였습니다.

"아바마마, 소자에게 양위하신다 함은 당치 않사옵니다. 소자는 모든 것이 너무 부족하여 세자 자리마저도 감당하지 못하고 있습니다. 뜻을 거두어 주오소서."

세자는 몸을 떨며 울었습니다. 신하들도 모두 통곡하며 다시 한번 양위의 불가함을 아뢰었습니다.

"전하! 양위하신다는 명을 거두어 주옵소서."

태종 임금은 말없이 엎드려 있는 세자와 신하들을 한참을 내려보고 있다가 엄숙한 목소리로 말하였습니다.

"세자는 어서 일어나 이 옥새를 받도록 하라."

"아니 되옵니다, 아바마마."

그러자 태종 임금은 용상에서 내려와 엎드려서 울고 있는 세자의 소매를 잡아끌어 옥새를 안겨 주고는 곧장 내전으로 사라졌습니다.

■ 어진 임금의 등극

　얼떨결에 옥새를 안은 세자는 어쩔 줄 몰라했습니다. 엎드려 있던 신하들이 일제히 내전을 향해 다시 간청하였습니다.
　"전하, 어명을 거두어 주오소서!"
　세자도 깜짝 놀라 옥새를 들고 태종 임금의 뒤를 쫓아 내전으

로 달려갔습니다.

"아바마마, 아니 되옵니다! 거두어 주오소서."

그러나 태종 임금은 세자와 신하들의 청을 단호하게 뿌리쳤습니다. 뿐만 아니라 임금만이 쓰는 붉은 양산마저 세자에게 내주었습니다.

"이제 이 모든 것이 너의 것이니라."

신하들은 태종 임금의 본마음을 헤아리지 못하였습니다.

예전에 양녕대군이 세자로 있을 무렵, 태종 임금은 갑자기 양위를 한다고 소동을 피웠습니다. 그 때 세자와 모든 신하들이 반대하며 태종 임금을 말렸습니다. 그러나 세자의 외삼촌인 민무구와 민무질 형제가 은근히 양위를 바라며 적극적으로 말리지 않았습니다.

결국 이들은 불충한 마음을 품었다는 죄목으로 귀양에 처해졌다가 죽임을 당하고 말았습니다.

이런 일이 있었던 까닭에 신하들은 태종 임금이 무슨 속셈으로 양위를 한다고 하는지 몰라 몹시 두려워하고 있었습니다.

이튿날, 다시 모인 신하들이 양위를 거두어 달라는 상소를 올렸습니다. 그러나 태종 임금은 뜯어 보지도 않고 모두 돌려 보냈습니다.

■ 어진 임금의 등극

　이제 태종 임금의 양위는 돌이킬 수 없는 사실이 되고 말았습니다.

　1518년(태종 18년) 8월 10일, 경복궁 근정전에서 새 임금의 즉위식이 거행되었습니다.

　태종은 세자에게 붉은 양산을 받치도록 명하고, 손수 준비해 두었던 면류관(네모지고 장식이 달린 왕관)을 새 임금이 된 세자에게 씌워 주었습니다. 그리고 만조백관에게 양위를 선언하였습니다.

　"새 임금은 성품이 영명하고 효성스러워 성군의 자질을 갖추고 있을 뿐 아니라, 학문을 게을리하지 않아 반드시 태평성대를 열 것이다. 과인도 주상이 중년이 될 때까지 군사에 관한 일을 맡아 도울 테니, 경들도 새 임금을 잘 보필하여 백성들이 편히 살게 하라."

　문무백관들이 천세를 부르며 새 임금의 즉위를 축하했습니다.

　"천세! 천천세! 천천천세!"

　태종 임금은 새 임금이 된 아들의 손을 잡고 옥좌 앞으로 데리고 가서 앉혔습니다.

　이렇게 해서 조선 왕조의 제 4대 임금인 세종이 왕위에 올랐습니다.

세종 임금은 상왕이 된 태종에게 앞으로 나라를 바르게 다스릴 것을 다짐한 다음, 가벼운 죄를 지은 죄인들을 모두 풀어주라고 명하였습니다. 사면령이 내려지자, 또 한 번 천세 소리가 궁내를 진동하였습니다.

❖   ❖   ❖

세종 임금이 즉위한 해에 하필이면 장마와 병충해로 큰 흉년이 들었습니다. 세종 임금은 한 톨의 곡식이라도 아끼기 위해 나라 안에 금주령을 내렸습니다.

"백성들이 식량이 없어 굶주리고 있는 때에 아까운 곡식으로 술을 빚어 마신다는 것은 있을 수 없는 일이오. 대궐에서도 일체 술을 빚지 마시오. 과인도 오늘부터 반찬을 줄이고 혼식을 하려 하니, 그리 준비하도록 하시오"

"아니 되옵니다, 전하. 그러시다 옥체라도 상하시면 어쩌시려고요? 그것만은 아니 되옵니다!"

"백성들이 모두 굶주리고 있는데, 어찌 과인은 아무 일도 없는 것처럼 호의호식할 수 있겠소? 내일 아침 수라부터 혼식을 올리도록 하세요."

■ 어진 임금의 등극

　본디 임금님의 밥상에는 밥만 해도 쌀밥과 팥밥, 두 가지를 올리게 되어 있었습니다. 그런데 세종 임금이 혼식을 하겠다는 것은 팥밥만 먹겠다는 뜻이 아니라, 쌀밥에 보리나 조를 섞어 쌀을 아끼라는 뜻이었습니다.
　세종 임금은 여기에 그치지 않았습니다.
　"과인이나 백성들이 먹는 것을 줄여 양식을 아끼는 것만으론 흉년을 이겨내기 힘듭니다. 앞으로는 보다 근본적인 대책을 세우도록 합시다."
　"근본적인 대책이라 하심은 무슨 분부이온지……?"
　신하들이 궁금한 듯 세종 임금에게 물었습니다.
　"우리들이 수백 년 동안 농사를 짓고 살면서 늘 가뭄과 물난리로 고생을 해 오고 있지 않소?"
　대신들은 임금께서 무슨 말을 하시려고 저러시는가 의아해하였습니다. 세종은 말을 이어갔습니다.
　"우리는 이제까지 가뭄과 장마가 생기는 원인을 캐보려 하지 않고, 천기는 하늘의 뜻이라고 생각해 왔습니다. 이 생각이 문제입니다."
　신하들은 점점 더 임금의 말뜻을 이해할 수 없었습니다.
　"앞으로는 천기를 미리 헤아려 이에 대처해야겠어요. 그러려면 우선 유능한 인재를 찾아 내어 일기를 예측할 수 있는 방법을 찾고, 수차 같은 기구를 개발하여 가뭄과 홍수에 적극적으로 대처한다면, 능히 우리 힘으로 흉년을 이겨낼 수 있을 것이라 생각하오. 어떻소, 경들의 생각은?"

처음 신하들은 젊은 임금이 무슨 뚱단지 같은 말을 하나 하고 못마땅하게 생각하다가, 이치에 맞고 백성을 사랑하는 깊은 생각에 그만 모두들 탄복하며 한 목소리로 외쳤습니다.

"성은이 망극하옵니다, 전하."

세종 임금은 백성들의 고통을 덜어주기 위하여 그 동안 궁리해 온 여러 가지 방침을 밝혔습니다.

첫째, 가난하여 혼례를 치르지 못했거나 장사를 치르지 못하는 백성이 있으면 나라에서 그 비용을 지원하여 때를 놓치지 않게 할 것.

둘째, 백성들을 괴롭히고 가난한 백성들의 구제를 게을리하는 탐관오리들을 찾아내어 엄벌에 처할 것.

셋째, 나라 안의 효자·효부·열녀와 조부모를 극진히 섬기는 자손, 의로운 사람들을 찾아내어 상을 내릴 것.

넷째, 나라를 위해 전쟁터에서 싸우다 죽거나 다친 사람과 그 자손들을 찾아내어 특별히 보호하고 잘 보살펴 줄 것.

다섯째, 재능이 있는 사람들은 신분을 따지지 말고 찾아내어 그 이름과 행적을 올리도록 할 것.

처음에는 많은 관리들이 세종 임금의 이러한 명을 대수롭지 않게 생각했습니다. 그래서 더러는 굶주리는 백성들을 구호하는 일을 소홀히 하는 관리도 있었습니다. 세종 임금은 이런 관리들을 하나하나 색출하여 죄의 가볍고 무거움에 따라 곤장으로 다스려 회개하게 하거나, 죄가 크면 귀양에 처하기도 했습니다.

얼마 지나지 않아 관리들이 백성을 대하는 태도가 이제까지와는 완전히 달라졌습니다. 그래서 새 임금님을 칭송하는 소리가 금새 온나라 안에 퍼져갔습니다.

대마도 정벌

세종 임금이 왕위에 오른 이듬해인 1419년 5월 13일.

세종 임금은 상왕인 태종을 모시고 한강 상류로 나갔습니다. 그 동안 개발하라고 지시했던 화포가 완성되어, 그 성능을 시험해 보려는 것입니다.

한강으로 가는 도중에도 태종 임금은 아들 세종에게 전에도 틈만 있으면 하던 당부말을 잊지 않고 또 했습니다.

"주상, 적보다 강한 군사와 우수한 무기가 있어야 나라를 굳건히 지킬 수 있는 법이오, 주상은 앞으로도 성능이 더 좋은 화포를 계속 개발해야 합니다."

"예, 명심하겠나이다, 아바마마."

화포란 오늘날 대포와 같은 무기로, 화약을 이용하여 포탄을 멀리까지 쏘아 보내는 당시의 첨단 무기입니다.

우리 나라에서는 이미 고려 말에 최무선이 만들어 내어 왜적을 쳐부수는 데 크게 기여했던 무기로, 이후에도 꾸준히 개량되어 왔습니다. 그리하여 세종 임금 때에는 최무선의 아들인 최해

대마도 정벌

산이 대를 이어 화포에 관한 일을 맡아, 이번의 시험 발사도 그의 지휘 아래 이루어지고 있었습니다.

한강변에는 많은 군사들이 화포를 앞세우고 진을 치고 있었습니다. 태종과 세종 임금은 말을 타고 군사들을 사열한 후 사열대 위에 마련된 자리에 앉았습니다.

최해산이 기를 흔들자, 드디어 화포가 발사되었습니다.

"꽝, 꽝, 꽝!"

천지를 뒤흔드는 우렁찬 소리와 함께 십여 발의 포탄이 일제히 발사되었습니다. 이윽고 발사된 포탄은 강 한가운데 떠 있는 배에 명중했습니다. 물보라와 화염이 크게 일면서 배는 산산조각 났습니다.

"와~! 명중이다, 명중!"

"만세! 상왕 전하 만세!"

"만세! 전하 만만세!"

병사들이 창칼을 흔들며 함성을 질렀습니다. 태종과 세종 임금의 얼굴에도 흐뭇한 웃음이 번졌습니다.

그 때였습니다. 병조 판서 조말생이 달려와 태종 앞에 부복하더니 놀라운 소식을 전했습니다.

"상왕 전하! 황해도 관찰사로부터 다급한 전갈이 왔사온데,

황해도 해주 연평곶에 왜선 38척이 몰려와 노략질을 하다가 중국 쪽으로 도망갔다 하옵니다."

"뭐라고! 왜구가 황해도에 또 나타났어? 이런 괘씸한 놈들이 아직도 정신을 못 차렸단 말인가? 내 용서치 않으리라!"

태종 임금은 분노로 몸을 떨면서 소리를 질렀습니다.

왜구의 침입은 어제 오늘의 일이 아닙니다. 왜구는 일본의 쓰시마와 규슈 지방에 사는 일본의 어부들 중 질이 나쁜 사람들인데, 일찍부터 자기네 나라 안의 사정이 어수선하거나 살기가 어려우면 해적이 되어 돌아다니곤 했습니다..

이들은 배를 타고 주로 우리 나라와 중국의 연안을 돌아다니면서 노략질을 일삼았습니다.

■ 대마도 정벌

　고려 말에는 이들의 침입이 잦자, 아예 수도를 바다에서 멀리 떨어진 다른 곳으로 옮기자는 말까지 나올 정도였습니다. 그 후 최영, 이성계, 정지 등의 장군들의 눈부신 활약으로 이들 왜구의 세력을 크게 꺾었습니다.
　이들은 조선이 건국된 후에도 끊임없이 우리 나라의 연안을 돌아다니며 노략질을 계속해 왔습니다.

지난 1419년 5월 5일에도 충청도 서천군 비인현 도두움곶(오늘날 충남 서천군 도읍리)에 왜구 수백 명이 배 50여 척에 나눠 타고 몰려왔습니다. 그들은 중국으로 가는 도중에 식량과 물이 떨어졌다는 핑계를 대고 상륙한 뒤, 마구 노략질을 했습니다.

"내 이놈들의 뿌리를 송두리째 뽑고 말리라!"

태종 임금은 분을 이기지 못해 부르르 몸을 떨었습니다.

세종 임금과 함께 급히 궁궐로 돌아온 태종은 즉시 대신들을 소집했습니다. 태종 임금은 그 동안 거론만 되고 실천하지 못한 대마도 토벌에 대해 대신들과 의논했습니다.

대마도는 왜적들의 소굴이 있는 곳으로, 우리 나라와 일본 열도 사이에 있는 섬입니다. 그러므로 그 곳을 토벌하는 것은 왜적의 뿌리를 뽑는 일입니다.

태종 임금이 대신들을 돌아보며 입을 열었습니다.

"지금 왜구는 많은 배를 몰고 서해로 들어와 중국 쪽으로 가고 있다고 하오. 지금쯤 대마도는 텅 비어 있을 것이오. 이 틈을 타 그들의 소굴을 치면 힘들이지 않고 그 놈들의 뿌리를 뽑을 수 있을 것 같은데, 대신들의 생각은 어떻소?"

그러나 대마도 토벌이란 말이 나올 때마다 신하들은 대부분 반대해 왔습니다.

■ 대마도 정벌

"그렇게 되면 자칫 왜국과 외교적인 문제가 일어날 수 있습니다. 그보다는 길목을 지키고 있다가, 중국에서 대마도로 돌아가는 왜구들을 치는 게 더 좋을 것으로 생각되옵니다."

태종 임금은 대신들의 소극적인 의견에 불만이었습니다. 그래서 세종 임금에게 의견을 물었습니다.

"주상의 생각도 대신들과 같습니까?"

"아니옵니다. 화가 될 일은 일찌감치 그 뿌리를 뽑아야 합니다. 먼저 우리 수군을 보내 왜구의 소굴 대마도를 친 다음, 대신들의 말처럼 중국으로 간 왜구들이 대마도로 돌아가는 길목을 지키고 있다가 앞뒤에서 협공하는 게 상책이라고 생각하옵니다."

태종 임금의 얼굴이 환해졌습니다.

"오, 주상의 생각이 바로 내 생각이오! 더 이상 지체할 것 없소. 지금 당장 군사를 일으켜 대마도를 치도록 하시오. 그리고 지금 우리 나라에 와 있는 왜인들을 모조리 잡아 가두시오. 만약 명령을 어기는 자가 있으면 그 자리에서 목을 베시오!"

나라 안에 있는 왜인들을 가두는 것은, 행여나 대마도 토벌의 군사 비밀이 새어나갈까 염려했던 것입니다.

대마도 정벌 준비는 전광석화처럼 빠르게 진행되었습니다.

태종 임금은 이종무를 곧바로 삼군 도체찰사(정벌군 총사령관)에 임명했습니다. 이종무가 거느린 토벌군의 규모는 병선 227척에 군사 1만 7285명, 그리고 군사들이 65일 동안 먹을 수 있는 식량까지 준비되었습니다.
　1419년 6월 9일, 태종 임금은 대마도 토벌의 포고령을 정식으로 내렸습니다.
　마침내 이종무는 정벌군을 이끌고 거제도를 출발하여 대마도로 향했습니다.

대마도 부근까지 간 이종무는 우선 배 10여 척만을 거느리고 해안으로 다가갔습니다.

왜구들은 그것을 보고 노략질하러 나갔던 저희들의 배가 돌아오는 줄로만 알았습니다. 그래서 모두들 기뻐하며 바닷가로 몰려나왔습니다. 그런데 뒤이어 조선의 병선이 바다를 온통 뒤덮으며 들이닥치자, 질겁을 하여 산과 골짜기로 도망쳤습니다.

이종무 도체찰사의 추상같은 명령이 떨어졌습니다.

"온 섬 안을 샅샅이 뒤져 왜구를 무찔러라. 각 포구에 있는 배는 한 척도 남기지 말고 모조리 불태워라!"

군사들은 섬 안과 포구로 흩어져 눈에 띄는 대로 왜구를 베고 배를 불살랐습니다. 이 때 거둔 전과는 불사른 배 129척, 목 벤 왜구 114명, 사로잡은 왜구 21명, 불사른 집 1939채였습니다.

7월 3일, 이종무는 당당히 대선단을 이끌고 조선으로 개선했습니다.

그러나 우리 군사들이 돌아온 지 얼마 되지 않아 또다시 왜구의 배 두 척이 충청도 안흥량 바다에 나타나 노략질을 했습니다.

태종은 세종 임금을 불러 당부했습니다.

"저놈들이 아직도 정신을 차리지 못했소. 이번엔 10만의 군사를 보내 저들을 아주 도륙내 버려야겠소."

조정 대신들과 세종은 곧 이 문제를 의논하였습니다.

이런 소식을 전해들은 대마도주가 깜짝 놀라 항복을 청하는 문서를 보내왔습니다. 그 문서에는 대마도를 옛날처럼 경상도에 예속시켜 주기를(대마도는 본래 계림〈신라〉에 딸려 있던 섬이었음) 청하였습니다.

이로써 수백 년 동안 골칫거리였던 왜구 문제는 마무리되었습니다. 이로부터 100여 년 가까이 왜구는 우리 나라를 넘보지 못하였습니다.

비밀 셋!

세종 이도에게 훌륭한 신하가 없었다면, 지금의 명성은 없었다

세종 이도는 훌륭한 인재는 때를 가리지 않고 뽑을 수 있는게 마땅하다고 생각해, 지방 관리를 통해 고장의 인재를 뽑기 시작했습니다. 그것이 바로 '도천법' 이었습니다.

집현전을 만들라

세종 임금은 백성들이 편안하게 사는 나라를 만들기 위해서는 무엇보다 유능한 인재가 필요하다고 생각하였습니다.

'어떻게 해야 덕망 있고 학식이 풍부한 좋은 인재를 얻을 수 있을까?'

그러다가 문득 집현전을 생각해 냈습니다.

'그래! 집현전이야.'

집현전은 고려 때 궁궐 안에 설치했던 학문 연구 기관이었습니다. 그러나 조선 시대에 접어들어 이름이 보문각으로 바뀌면서 하는 일이 별로 없었습니다.

"그래, 집현전을 부활시키자! 그 곳에 젊고 유능한 학자들을 모아 학문을 닦게 하고, 나라를 바르게 다스리는 방법을 연구하게 하자."

1420년, 세종 임금은 궁궐 안에 집현전을 설치한 후, 신하들 가운데 실력이 있고, 심성이 바른 사람을 찾았습니다.

"집현전에서 일할 사람은 학식이 풍부하고 생각이 깊으며 어

■ 집현전을 만들라

진 사람이라야 한다. 나라일은 반드시 그런 사람들이 맡아야 한다."

세종 임금은 우선 젊은 관리들 중에서 이런 사람을 가려 집현전으로 보냈습니다.

처음 집현전에서 일을 시작한 문사·학자·관리는 10명에 불과했지만, 차츰 늘어나 32명까지 되기도 했습니다.

이들이 주로 하는 일은 유교에 관한 연구, 정치 제도의 연구와 문제 해결, 새로운 국가 정책을 펴는 데 따르는 여러 가지 연구 등이었습니다. 그밖에도 많은 책을 편찬해 냈습니다. 한 마디로 집현전은 학문 기관이자, 국가 정책 연구 기관으로 세종 시대를 조선의 황금기로 만든 원동력이 되었습니다.

세종 임금은 집현전 학자들을 끔찍이 위해 주었습니다.

가끔 푸짐한 요리상을 차려 주게 하고, 인삼이며 꿀 등 몸에 좋은 것도 내렸습니다. 이런 것들은 값이 비싼 것이라 하여, 수라상에 올리지 못하게 하여 자신도 입에 대지 않던 귀한 것들이었습니다.

그러는 한편으로, 연구에 임하는 학자들의 자세에 대해서는 아주 엄격했습니다. 세종 임금이 집현전 학자들에게 늘 이렇게 당부하였습니다.

"오로지 학문 연구에 일생을 바치겠다는 각오로 임해야 하오. 벼슬과 재물을 탐하는 마음으로는 아무것도 이룰 수 없는 법이오. 매일 공부한 것을 기록하여 스스로 반성하고 늘 마음을 새롭게 하도록 하시오. 그리고 학문 연구를 위해서라면 언제든지 휴가를 줄 것이니, 어느 때라도 조용한 곳을 찾아가 공부를 해도 좋소."

세종 임금은 매달 집현전 학자들의 학문 연구에 대한 시험을 보았습니다. 그리고 일반 신하들과는 달리 아침 일찍 나오고 저녁 늦게 돌아가도록 하였습니다. 또 학자들을 둘로 나누어 번갈아 하루씩 걸러가며 궁궐에서 숙직하게 했습니다.

어느 추운 겨울밤이었습니다. 세종은 집현전에서 숙직하는 학자들이 추위에 떨지 않을까 걱정이 되었습니다. 그래서 집현전 쪽으로 걸음을 옮기다가 문득 걸음을 멈추었습니다. 집현전 학자들이 숙직하는 방에 불이 환히 켜져 있었기 때문입니다. 세종 임금은 곁에 있는 내관에게 명했습니다.

"지금 집현전에서 누가 무엇을 하고 있는지 몰래 살피고 오너라."

내관은 종종걸음으로 집현전으로 달려갔습니다. 잠시 후, 내관이 돌아와 이렇게 아뢰었습니다.

■ 집현전을 만들라

"신숙주가 아직도 책을 읽고 있사옵니다."
"추워 보이지 않더냐?"
"추운지 가끔 손을 비벼 가며
책장을 넘기고 있었습니다."

세종 임금은 신숙주가 아직 자지 않고 책을 본다는 말에 대전으로 돌아가 자신도 책을 꺼내 읽기 시작했습니다. 신숙주가 잠이 든 다음에야 책을 덮고 잠자리에 들 작정이었습니다.

'이제는 신숙주도 잠들었으리라.'

한참 동안 책을 읽던 세종 임금이 다시 내관을 보냈습니다.

잠시 후, 내관이 돌아와 아뢰었습니다.

"아직도 책을 읽고 있사옵니다."

"허어, 이렇게 늦게까지 책을 읽는단 말인가? 건강이 상할까 염려가 되는구나."

얼마 후, 새벽이 다가왔는지 닭 우는 소리가 들렸습니다.

세종 임금은 다시 내관을 불렀습니다.

"집현전으로 가서 신숙주가 잠자리에 들거든 과인에게 알리도록 하라."

시간이 한참 흐른 후, 내관이 돌아왔습니다.

"전하, 신숙주가 이제 막 잠자리에 들었나이다."

"그런가? 새벽녘이라 몹시 추울 것이다. 이것을 가져다 덮어 주고 오너라."

세종 임금은 추위를 막기 위해 솜을 두툼히 넣은 자신의 겉옷을 벗어 주었습니다. 그리고 잠자리에 들었습니다.

아침이 되어 신숙주는 곤한 잠에서 깨어났습니다.

"아니, 이게 뭐지?"

자기 몸을 덮고 있는 옷을 보고 그는 깜짝 놀랐습니다.

"어! 이, 이것은 상감마마의 어의가 아닌가?"

신숙주는 자기가 자고 있는 사이에 어떤 일이 일어났는지 짐작이 되자, 눈시울이 뜨거워졌습니다.

"이 성은을 어찌……."

신숙주는 벌떡 일어나 임금님이 계신 쪽을 향해 절을 올렸습니다.

"성은이 망극하옵니다, 전하!"

그러면서 굳게 다짐하였습니다.

'이 몸을 바쳐서 성은에 보답하겠나이다.'

이 일을 전해 들은 집현전 학자들은 더욱 열심히 학문 연구에 분발하였습니다.

황희와 맹사성

　세종 임금이 왕위에 오른 지 4년 째 되던 해 2월, 태종은 세종 임금을 불러 조용히 말했습니다.
　"주상이 태평성대를 열기 위해선 황희와 같은 인재가 곁에 있어야 합니다. 그를 다시 불러 쓰도록 하세요."
　황희는 태조 이성계 때부터 정종, 태종에 이르기까지 3대에 걸쳐 벼슬한 유능한 관리였습니다. 그런데 양녕대군을 폐하고 충녕대군으로 세자를 바꿀 때, 양녕대군을 두둔하여 세자 양위를 반대하다가 태종 임금의 미움을 사 귀양에 처해졌습니다.
　태종 임금은 거듭 당부하였습니다.
　"황희의 죄는 그리 크지 않아요. 그리고 지금 조정에는 황희만한 인물이 없습니다. 주상에게는 황희가 꼭 필요한 사람이니 그를 부르세요."
　"예, 분부대로 거행하겠사옵니다."
　세종 임금이 황희를 귀양에서 풀어 다시 불러들이려고 하자, 신하들의 반대가 심했습니다.

"전하, 황희는 지난날 양녕대군의 잘못을 감싸고 두둔하여 그릇된 길로 이끈 죄인입니다. 그런 사람을 다시 등용한다는 것은 지극히 잘못된 일이옵니다."

"그렇사옵니다. 만약 그때 상왕 전하께서 황희의 말을 들으셨더라면, 전하께선 지금의 자리에 오르실 수 없었을 것이옵니다. 하오니 그를 다시 부르신다 하심은 당치 않습니다."

그러나 세종 임금은 이들의 반대를 물리치고 황희를 귀양에서 풀어 벼슬을 내렸습니다.

황희와 세종 임금은 나이가 무려 서른다섯 살이나 차이가 났습니다. 세종 임금에게는 아버지와 같은 나이였습니다. 세종 임금은 황희에게서 많은 것을 배웠습니다.

첫째는 가난한 백성을 불쌍히 여기는 정신을 배웠습니다. 둘째는 검소하면서도 절약하는 생활을 배웠습니다. 셋째는 양반과 상민을 차별하지 않는 너그러운 마음을 배웠습니다.

어느 날, 세종 임금이 황희에게 물었습니다.

"과인이 들으니 경께서는 개를 싫어하여 기르지 않는다면서요? 개는 주인을 잘 따르는 충직한 동물이 아니오?"

"전하, 저라고 사람에게 목숨까지 바치는 충직한 동물인 개를 왜 싫어하겠습니까?"

■ 황희와 맹사성

"허허허, 그런 줄 알면서 왜 개를 기르지 않으시오? 다른 사람들은 여러 마리씩 기른다던데……."
"소신의 집에는 도둑이 들어도 훔쳐갈 만한 물건이 없습니다. 그러니 개를 기를 필요가 없습니다. 그리고 개에게 먹일 밥이 있으면 가난하여 굶주리는 사람들에게 주는 것이 나을 것 같아 개를 기르지 않는 것이옵니다."

세종 임금은 황희의 청렴한 생활과 백성을 생각하는 따뜻한 마음에 감동하였습니다.

황희가 아침에는 반찬 없는 밥, 저녁에는 죽을 먹는다는 소문이 돌았습니다. 세종 임금이 그것을 걱정하니, 황희가 아뢰었습니다.

"소신은 나라에서 후한 녹을 받고 있사오나 죽을 먹는 것은 소신이 즐겨서 하는 일일 뿐입니다. 소신이 먹을 것을 덜 먹고 가난한 사람들을 돕는 것은 군자의 도리로서 소신의 마음은 재물이 많은 이보다 오히려 흐뭇하니 너무 심려 마옵소서."

"경이야말로 성인과 다를 바 없구려."

세종 임금은 다시 한 번 고개를 숙였습니다.

황희는 아주 강직하고 의지가 굳은 사람이었습니다. 그가 한 번 옳다고 생각하면 임금도 그 뜻을 바꾸지 못할 정도였습니다.

그래서 높은 벼슬에 있는 사람들도 황희를 몹시 어려워하였습니다. 그렇지만 힘없는 백성들에게는 한없이 너그러웠습니다.

황희가 정승 자리에 있을 때였습니다. 어느 날 저녁, 황희가 뒤뜰을 거닐고 있었는데, 갑자기 담장 안으로 여러 개의 돌멩이가 날아왔습니다. 이웃에 사는 개구쟁이들이 황희의 집 배나무에 열린 배를 따먹으려고 돌을 던진 것입니다. 그러고 보니 배나무 아래 여기저기에 배가 많이 떨어져 있었습니다.

'후후후, 요 녀석들이 배가 먹고 싶은 모양이로구나.'

황희는 하인을 불렀습니다. 달려온 하인은 뒤뜰에 떨어진 배를 보더니 소매를 걷어붙이며 고함을 쳤습니다.

"아니, 이놈들 봐라. 또 이런 짓을 했네! 대감마님. 잠시만 기다립시오. 제가 가서 이놈들을 당장 잡아오겠습니다."

황희가 말렸습니다.

"배가 이렇게 잘 익었는데, 먹고 싶지 않은 사람이 어디 있겠느냐? 가서 큰 바구니를 가져 오너라."

"예, 대감마님. 알겠습니다. 아이들이 배를 따가지 못하도록 배를 모두 따놓겠습니다."

그러자 황희가 껄껄 웃고 나서 말했습니다.

"허허허, 그게 아니야. 잘 익은 배를 따서 아이들에게 주고 오너라. 그리고 다음부터 배가 먹고 싶으면 집으로 찾아오라고 전해라. 돌을 던지면 나무도 상하지만 잘못하다간 사람까지 다치지 않겠느냐?"

하인은 배를 따다가 아이들에게 주었습니다. 그 후로는 황희네 배나무에 돌을 던지는 아이들이 없어졌다고 합니다.

이 이야기를 전해 들은 세종 임금은, 다시 한번 황희의 너그럽고 어진 마음씨에 탄복했습니다.

황희와 더불어 세종을 도운 사람으로 맹사성이 있습니다. 그역시 청렴결백하여 다 쓰러져 가는 집에 살았습니다.

황희가 결단성 있고 과감하게 일을 처리하는데 비해, 맹사성은 부드럽고 섬세하게 일을 처리하였습니다. 그래서 나이도 비슷한 두 사람이 조화를 이루며 조정을 잘 이끌어 나갔습니다.

맹사성에게도 재미있는 이야기가 전해옵니다.

어느 해, 맹사성이 충청도 온양에 있는 부모님을 찾아뵙고, 한양으로 올라가다가 해가 기울어 주막에 머물게 되었습니다.

어떤 젊은 선비와 방을 같이 쓰게 되었는데, 그는 맹사성을 꾀죄죄한 시골 노인으로 생각하여 장난을 걸어왔습니다.

"이보시오, 노인장. 심심하지 않소? 우리 '공' 자와 '당' 자로 운을 달아 이야기를 나누어 보는 게 어떻겠소?"

"그럽시다."

먼저 맹사성이 미소를 지으며 물었습니다.

"어디에 가는공?"

"한양에 간당."

"무엇하러 가는공?"

"녹사(지금의 관청의 서기 정도의 낮은 벼슬) 취재(특별 채용 시험)하러 간당."

"내가 합격시켜 줄공?"

"말도 안 되는 소리당."

계속하여 젊은 선비는 업신여기는 투로 맹사성을 놀렸습니다.

그래도 맹사성은 조금도 언짢아하지 않았습니다.

며칠 뒤, 대궐 안에서는 재미있는 일이 벌어졌습니다.

녹사 취재에 합격한 젊은 선비가 조정 대신들에게 인사를 하러 왔다가 이조 판서 앞에 이르더니 얼굴이 하얗게 변했습니다.

이조 판서가 그를 보더니 빙그레 웃으며 물었습니다.

"합격을 하니 기분이 어떤공?"

　젊은 선비가 이마가 땅에 닿도록 허리를 굽히며 기어들어가는 소리로 말했습니다.
　"죽을 죄를 지었습니당."
　이조 판서가 껄껄껄 웃으며 젊은 선비를 용서하고 격려해 주었습니다.
　"앞으로는 겸손하게 처신하고 열심히 일하도록 하라."
　젊은 선비는 이조 판서인 맹사성에게 큰 절을 올렸습니다.
　이처럼 너그러운 맹사성은, 황희와 더불어 세종을 도와 훌륭한 일을 많이 하였습니다.

발명왕 장영실

　세종 임금은 나라를 바로세우고 국력을 기르기 위해서는, 무엇보다 나라의 각 방면을 맡아 이끌어 갈 뛰어난 인재가 필요하다고 생각했습니다. 그래서 인재를 모으는 데 온 힘을 기울였습니다. 세종 임금이 태종의 권유에 따라 황희를 다시 등용한 것이 훌륭한 인재를 찾아나선 첫걸음이었습니다.
　황희는 고려 때부터 벼슬을 하였으나, 그의 벼슬 생활은 순탄하지 않았습니다. 성격이 강직한 탓에 몇 차례의 좌천과 귀양살이를 하면서 여러 지방을 돌아다녔습니다. 그 때 황희는 초야에도 많은 인재들이 있다는 것을 알았습니다. 재능이 뛰어난 사람이 역적 집안에 연루되었다거나, 천한 신분이라고 그 재능을 발휘하지 못하고 숨어 지내는 것을 안타깝게 생각하였습니다.
　세종 임금이 인재를 목마르게 구하고 있음을 안 황희는 세종 임금께 아뢰었습니다.
　"전하, 인재는 나라의 보배이옵니다. 재주가 있는 사람을 널리 찾아 쓰셔야 합니다."

"과인도 그것을 잘 알고 있소. 한 나라가 흥하는 것은 반드시 그 일을 맡아 하는 인물이 있었기 때문이고, 나라가 쇠퇴하는 것은 나라를 구할 유능한 인재가 없기 때문이오. 어떻게 하면 과인이 훌륭한 인재를 얻을 수 있겠소?"

"전하, 인재는 언제 어디에나 있사옵니다. 단지 그들을 쉽게 구별해 내지 못할 뿐입니다. 그리고 사람은 누구에게나 장점과 단점이 있게 마련이오니, 단점은 묻어 두고 장점을 살릴 수 있도록 인재를 관리하는 것이 좋은 줄로 아옵니다."

"참으로 옳은 말씀이오!"

당시 인재를 뽑는 길은 과거뿐이었습니다. 3년마다 한 번씩 치러지는 과거 시험을 통해 나라에서 필요한 인재들을 확보했습니다. 그래서 과거가 있다는 방이 붙으면, 전국 방방곡곡에서 내로라하는 선비들이 구름같이 몰려들었습니다.

세종 임금은 이러한 과거 제도에 대해서도 대신들과 의논했습니다.

"단 한 차례의 시험만으로 나라의 중책을 맡을 관리를 뽑는다는 것은 문제가 있는 것 아니오?"

"전하, 과연 그러하옵니다."

"벼슬을 하는 사람은, 뛰어난 글재주나 무예보다도 먼저 백성을 사랑하는 마음이 있어야 하오. 그리고 3년마다 기한을 정해 뽑을 것이 아니라, 훌륭한 인재는 때를 가리지 않고 뽑을 수 있는 게 마땅하오. 지금 당장 전국의 수령들에게 이와 같은 사정을 알려, 자기 고장에서 재능과 덕망을 갖춘 인재들을 수시로 추천하라고 하시오."

그런 일이 있고부터 전국의 지방 관리들은 자기 고장의 인재를 추천하기 시작했습니다. 이것을 '도천법'이라고 했습니다. 이런 인재 발굴 정책에 의해 세종 시대를 찬란하게 빛낼 한 명의 천재가 등용되는데, 그가 바로 조선의 발명왕 장영실입니다.

세종 임금이 도천법을 시행한 지 얼마 지나지 않아, 경상도 관찰사가 한 사람을 천거했습니다.

'경상도 동래현의 관노(관청에 딸린 종) 장영실이 손재주가 뛰어나고 머리가 비상합니다. 나라에서 긴요하게 쓰일 것 같으니 불러서 시험해 보십시오.'

세종 임금은 장영실에 대해서 자세히 알아보라고 하였습니다.

❖　❖　❖

장영실은 경상도 동래현의 관노였으나, 그의 재주가 아주 뛰어났습니다.

　어느 날, 사또의 부인이 시집올 때 가져온 값비싼 장롱이 망가지자 감쪽같이 고쳐 놓아 사또의 신임을 받게 되었습니다.

　그 후, 무기 창고의 고장난 무기나 농기구를 고쳐 놓는가 하면 도르래를 이용하여 우물물을 힘들이지 않고 길을 수 있게 하였습니다.

　어느 해, 동래현에 큰 가뭄이 들어 인근 여러 고을 사또들이 모여 큰 걱정을 하였습니다.

　"이거 정말 큰일입니다. 이러다가 올 가을엔 쌀 한 톨 건지기 힘들겠소."

　"그러게 말입니다. 기우제를 그렇게 드렸는데도 비가 내리지 않으니 이걸 어찌하면 좋겠소?"

　그 때, 동래현의 이방이 사또에게 아뢰었습니다.

　"사또, 영실이가 가뭄을 해결할 방도가 있다 하옵니다."

　"뭐라고, 그게 정말인가? 당장 영실이를 데리고 오게."

　잠시 후 이방이 장영실을 앞세우고 돌아왔습니다.

　"영실아, 네가 가뭄을 해결할 수 있다고 했다던데 그 방도가 무엇이냐?"

　"예, 고을 서쪽에 흐르는 강물을 끌어오면 됩니다."

"뭐, 서쪽에 있는 강물을? 십 리 밖에 있는 강물을 끌어오다니, 그게 될 법이나 한 일이냐?"

사또가 턱도 없는 소리라며 펄쩍 뛰자, 장영실은 차근차근 설명을 하였습니다.

"사또 나으리, 물은 높은 곳에서 낮은 곳으로 흐르기 마련입니다. 그러니 물길을 낮은 곳으로 내고 오르막이 있으면 수차를 돌려 물을 퍼올리면 저절로 이 곳까지 흐르게 됩니다. 의심이 나시면 저에게 맡겨 주십시오."

사또는 장영실의 말이 미덥지 못했습니다. 그렇다고 마냥 비를 기다리고 있을 수도 없어 영을 내렸습니다.

"당장 모든 고을 백성들을 동원하여 물길을 트고 수차를 만들게 하라. 그리고 이 일은 영실이가 맡도록 하여라."

고을 사람들이 힘을 모아 열심히 일한 끝에, 마침내 물길이 완성되어 논밭에 물을 댈 수 있었습니다.

물이 메마른 논밭을 적시자, 사람들은 서로 부둥켜안고 환호성을 질렀습니다.

"와! 물이다! 물!"

"이제는 살았다! 우리가 가뭄을 이겨냈어!"

이 소식이 경상도 관찰사를 통해 조정에 알려졌습니다.

"허허허, 그런 기특한 젊은이가 있다니……. 당장 동래현에 사람을 보내 장영실을 데리고 오라."

장영실은 곧바로 한양으로 올라와 세종 임금을 알현하였습니다. 세종 임금은 그의 재주를 여러 가지로 시험해 보고 탄복을 하였습니다.

"참으로 아까운 인재로다! 이렇게 뛰어난 재주를 가지고 있는데, 신분이 천하다 하여 제대로 쓰이지 못 하다니……."

세종 임금은 장영실을 중국으로 보냈습니다.

"우선 중국으로 가서 견문을 넓히고, 그 곳의 학자와 기술자들로부터 천문 과학 기술에 대하여 배우도록 하여라."

몇 년 후, 장영실이 돌아오자, 세종 임금은 그에게 벼슬을 내리려고 하였습니다. 그러자 조정의 신하들이 모두 반대하였습니다.

"전하, 장영실이 아무리 뛰어난 재주를 갖고 있다 해도 신분이 천한 관노입니다. 관노에게 벼슬을 내린다는 것은 옳은 일이 아니옵니다."

"그렇습니다. 미천한 관노에게 벼슬을 내리면 나라의 기강이

무너지게 됩니다. 뜻을 거두어 주소서."
세종 임금은 예조 판서 황희에게 물었습니다.
"예판께서도 저들과 똑같이 생각하시오?"

■ 발명왕 장영실

황희는 꿋꿋하게 말했습니다.

"아니옵니다. 장영실이 비록 관노의 신분이지만, 뛰어난 재능이 있는 인재이니 장차 나라에 큰 도움이 될 것입니다. 그러니 그에게 성은을 베푸셔서 그가 지니고 있는 재능을 충분히 발휘할 수 있도록 해 주는 것이 옳습니다."

세종 임금은 황희의 말을 받아들여 궁궐의 의복을 만들고 나라의 재산과 보물을 관리하는 상의원 별좌에 임명하였습니다.

비밀 넷!

세종 이도에게는 다양한 재능이 있었다

조선 시대에는 유학을 중시하고, 천문학이나 의학·기술 등을 연구하는 일은 그다지 중요하게 생각하지 않았습니다. 그러나 세종대왕은 과학, 음악 등 여러 분야에 걸쳐 다양한 지식을 갖고 있었습니다.

과학자 세종

1422년(세종 4년) 1월 1일에는 일식이 있어, 세종 임금은 신하들을 거느리고 궁궐 뜰에 나가서 구식례를 거행하였습니다. 구식례란 일식이나 월식으로 생기는 재앙을 물리치는 의식을 말합니다. 그런데 이 날 일식을 예보했던 관측 관리 이천봉이 일식 시각을 1각(15분)이나 잘못 예측했습니다.

"전하, 이천봉에게 벌을 내리소서."

"그러하옵니다, 전하. 관측 관리가 일식 시각을 1각이나 잘못 계산했다는 것은 직무를 태만히 한 것입니다."

이천봉은 곤장을 맞았습니다.

무엇인가를 곰곰이 생각하면서 정전으로 돌아온 세종 임금은 신하들에게 물었습니다.

"경들은 이번 구식례에서 이천봉이 정말로 일식 시간을 잘못 계산했다고 생각하시오?"

뜻밖의 물음에 신하들이 어리둥절하여 아무 말을 하지 못하고 있자, 세종 임금이 빙그레 웃으며 말을 이었습니다.

"오늘 이천봉의 계산은 잘못되지 않았을 것이오. 누가 계산을 하더라도 이천봉과 똑같은 결과가 나왔을 것이오."

"하오면 전하, 이천봉은 아무런 잘못도 없이 억울하게 매를 맞았다는 말씀이옵니까?"

"그렇소. 그에게는 아무런 죄가 없소."

"그러면 오늘 일식 시간이 틀린 연유는 무엇이옵니까?"

"그것은 지금 우리가 쓰고 있는 역서가 우리 실정에 맞지 않는 중국 것이기 때문이오."

역서란 책력이라고도 하는데, 하늘의 해·달·별 등을 관측하여 그것들의 움직임과 절기를 적어 놓은 책입니다.

세종 임금의 말은 계속되었습니다.

"우리 나라와 중국은 멀리 떨어져 있기 때문에 같은 시각에서 관측되는 해와 달, 별의 위치가 틀리는 것은 당연한 것이오. 우리 조상들은 이 사실을 이미 고구려 때부터 알고 있었소."

"아니, 고구려 때부터 말씀이옵니까?"

"그렇소! 태조 대왕 때 제작된 '천상열차분야지도각석'을 생각해 보시오. 그것은 고구려의 천문도를 토대로 한 것이오. 그런데 지금의 우리는 어떻소? 우리 땅에서 천문을 관측할 생각은 하지 않고, 중국의 것을 제일로 알고 아무 의심도 없이 그대로 쓰고 있으니, 참으로 한심한 일이 아니오?"
　세종 임금은 우리 실정에 맞는 우리의 역서를 만들기로 결심했습니다.
　역서를 만드는 것은 당시에는 중국의 황제나 할 수 있는 일로, 변방에 있는 작은 나라로서는 감히 엄두도 못낼 일이었습니다. 그러나 세종 임금은 그런 것에 개의치 않고, 우리의 역서를 만들기로 결심한 것입니다.

■ 과학자 세종

❖　　❖　　❖

어느 날, 세종 임금이 집현전 학자들에게 수수께끼 같은 문제를 내었습니다.

"누가 백두산과 한라산에서 북극성의 높이를 잴 수 있는 방법을 알고 있으면 말씀해 보시오."

모두 내로라하는 학자들이었지만, 아무도 대답하지 못하였습니다. 당시에는 유학을 중시하고, 천문학이나 의학·기술 등을 연구하는 일은 그다지 중요하지 않게 생각했기 때문입니다.

세종 임금이 빙긋이 웃으며 말했습니다.

"과인은 알고 있소. 그런데 실제로 북극성 높이를 알아 내기 위해서는 정확한 관측 기구가 필요하오."

"하오나 전하, 그런 일은 사람이 살아가는 데 아무런 도움을 주지 못하는 기이한 재주에 불과하옵니다."

학자들이 세종 임금의 참뜻을 알지 못하고 불만스럽게 말하자 세종 임금은 고개를 저었습니다.

"아니오. 세상의 모든 일에는 그 이치가 있소. 그것을 밝혀 생활에 이용하면 백성들에게 큰 도움이 될 것이오. 생각해 보시오. 백성들이 농사를 짓고 바다에서 고기를 잡는 일은 날씨와 밀접한 관련이 있지 않소? 그런데 지금 우리가 쓰고 있는 역서는 우리 실정에 맞지 않는 것이오. 과인은 우리 실정에 맞는 역서를 만들기로 하였소."

세종 임금은 곧 정인지 · 이천 · 정초 · 이순지 등과 같은 학자들에게 천문과 날씨 · 절기 등과 천체를 관측하는 기구와 기계에 대해서도 연구하라고 명하였습니다.

그런데 이들은 이론만을 알아 내었을 뿐, 실제로 기구와 기계를 만들어 내지는 못하였습니다. 세종 임금은 답답하였습니다.

'이론이 옳다는 것을 증명하고 실생활에 이용하려면 천체를 관측할 수 있는 기구와 시각을 정확히 재는 시계가 반드시 필요하다. 그런데 이런 것을 만들지 못하면 아무리 뛰어난 이론이라도 쓸모가 없는 헛것에 불과하지 않는가?'

세종 임금은 다시 명을 내렸습니다.

"손재주가 좋은 상의원 별좌 장영실에게 해와 달, 별을 관측할 수 있는 기구와 시계를 만들어 내도록 지시하겠소. 기구와 기계가 완성되면 경들은 그것을 이용하여 천체가 어떤 규칙으로 움직이며 기후와 어떤 관계가 있는지 연구하시오."

장영실은 공조 판서 이천과 함께 천문 관측 기구인 간의와 혼천의를 만들어 냈습니다.

그러자 학자들은 이 기구를 이용하여 백두산과 한라산의 높이를 알아 내었고, 북극성의 고도와 위치를 계산하였습니다.

그리고 서울의 위치가 북위 38도라는 것을 측정해 냈습니다. 이것은 오늘날의 첨단 과학 기구로 잰 북위 37도 33분과 큰 차이가 나지 않는 정확한 것입니다.

그리고 1442년, 이순지에 의해 우리 나라 최고의 역법서인 '칠정산 내·외편'이 완성되었습니다.

이 책에서는 1년을 365일 5시간 48분 45초로 정했습니다. 이것은 과학이 발달한 오늘날의 달력과 1초밖에 차이가 나지 않는 정확한 것이었습니다.

세종 임금은 이렇게 우리 나라 실정에 맞는 정확한 역서를 만듦으로써 일식과 월식의 예측은 물론이고, 날짜와 계절의 변화를 정확하게 알 수 있도록 하였습니다.

이웃 일본이 이런 역서를 만든 것은 우리 나라보다 240년이 지난 1682년 경이었으니, 당시의 우리 나라의 과학 기술이 얼마나 앞선 것인지 짐작할 만합니다.

그런데 그보다 앞선 1434년, 장영실은 해의 그림자로 시각을 알 수 있는 해시계인 앙부일구를 만들었습니다.

이 해시계는 안이 움푹하게 파였는데, 그 안쪽에는 많은 줄과 눈금이 그려져 있습니다. 이것은 계절에 따라 낮의 길이가 달라져도 정확한 시각을 알아볼 수 있게 만든 것입니다.

　세종 임금은 이 해시계를 사람들이 많이 다니는 혜정교와 종묘 앞 큰길에 설치하여 백성들이 정확한 시각을 알 수 있게 하였습니다. 그 뿐 아니라, 장영실은 휴대용 해시계까지 만들어 내어, 어느 곳에서나 편리하게 시각을 알 수 있게 하였습니다.

그러나 해시계는 해가 뜨지 않는 흐린 날이나 밤에는 쓸 수가 없는 게 흠이었습니다. 세종 임금은 장영실을 불렀습니다.

"흐린 날이나 밤에도 정확한 시각을 알 수 있는 시계를 만들 수는 없겠는가?"

장영실은 여러 날 동안 궁리를 했지만, 뾰족한 생각이 떠오르지 않았습니다.

그러던 어느 날, 하루 종일 비가 내리는 가운데, 장영실은 자신의 집 방 안에서 생각에 잠겨 있었습니다. 그 때 지붕의 기왓장에 금이 갔는지 천장에서 물이 새기 시작했습니다.

장영실은 비가 새는 곳에 그릇을 받쳐놓고 물방울이 똑똑 떨어지는 그릇을 물끄러미 쳐다보고 있었습니다. 순간 장영실이 갑자기 무릎을 탁 쳤습니다.

"맞아! 저거야!"

빗물을 받던 그릇을 보고 장영실은 물시계인 자격루를 만들었습니다. 자격루는 물을 일정하게 떨어뜨린 후, 그 물이 일정한 양에 이르면 무게에 따라 여러 종류의 인형이 튀어나와 종을 울려 시각을 알려 주는 자동 시계입니다.

세종 임금은 이 자격루가 시각을 알리면 대궐 문에 매달린 큰 북을 쳐서 백성들이 시각을 알 수 있게 했습니다.

장영실은 여기에 머물지 않고 일 년 365일의 날짜와 시각, 12달 24 절기를 자동으로 알려 주는 옥루도 만들어 내었습니다.

이 공로로 세종 임금은 장영실의 벼슬을 종 3품 대호군으로 올려 주었습니다.

이에 세종 임금은 경복궁 안에 흠경각이라는 천문 기상대를 세우고 관리를 두어 시각을 정확히 알리도록 하였습니다.

세종 임금의 연구는 계속되었습니다.

"지역마다 내리는 비의 양을 조사하면 언제 비가 많이 내리고 적게 내리는지를 알 수 있어 가뭄과 홍수에 대비할 수 있을 것이오. 그러기 위해서는 빗물의 양을 정확히 잴 수 있는 기구가 필요하오."

세종 임금은 각 고을의 수령들에게 명을 내렸습니다.

"각 고을에서는 8촌이 되는 그릇을 마련하여 대 위에 올려놓고 비를 받은 다음, 수령이 직접 강우량을 재어 감사에게 보고하고 감사는 이를 모아 나라에 알려라."

그러나 이것은 쉬운 일이 아니었습니다. 그릇의 크기도 각기 달랐으며, 대의 위치도 제각기 달라, 바로 인근 고을인데도 강우량이 크게 차이가 났습니다.

"이래선 안 되겠다! 비의 양을 정확히 측정할 수 있는 기구를 만들도록 하라."

세종의 명을 받은 장영실이 1441년(세종 23년), 마침내 비가 내리는 양을 잴 수 있는 기구를 만들었는데, 이것이 바로 측우기입니다.

측우기를 만든 것은 세계 최초의 일이었었습니다. 이것은 서양 최초의 측우기를 만든 이탈리아의 카스텔리의 것보다 무려 200년이나 앞선 것이었습니다.

세종 임금은 이 측우기를 여러 개 만들어 각 지방으로 돌린 다음, 비가 내리는 때와 양을 조사하여 보고하라고 하였습니다. 그리고 한양 한복판을 흐르는 청계천에 물의 양을 잴 수 있는 수표(수표교)를 설치하여 물의 양이 어떻게 변하는지도 조사하도록 했습니다.

뿐만 아니라, 바람의 방향과 세기를 측정할 수 있는 기구와 방위·절기·시각을 측정하는 규표를 만들어 내었습니다.

세종 임금은 이러한 기구와 기계들로 관측한 자료들을 토대로 홍수와 가뭄에 대비하여 백성들이 농사를 편안하게 짓도록 하였습니다.

역사가 세종

세종 임금은 우리 나라 역사에도 많은 관심을 가지고 있었습니다.

당시의 많은 학자들은 무엇이든지 중국의 것을 최고로 알고, 우리 것을 낮추어 보는 사대 사상에 젖어 있었습니다.

고려 시대의 김부식 같은 학자는 우리 민족의 최초의 임금인 단군 왕검이 태어나고 나라를 세운 내용이 너무 황당하다고 하여 자기가 쓴 삼국사기에서 아예 빼 버렸습니다. 세종 임금은 이를 아주 잘못된 일이라고 지적했습니다.

"중국의 여러 나라는 저마다 자기 시조의 업적을 찬양하기 위해 상서로운 일을 꾸며 내거나 과장하여 기록으로 남기고 있소. 그런데 그런 중국의 것은 그대로 믿으면서, 우리 겨레의 기록은 허황되다 하여 역사 자체에서 빼버리다니 참으로 한심한 일이 아닐 수 없소."

이 말은 사실입니다. 옛날 중국의 복희라는 임금은 하수라는 강에 살고 있던 용마가 도록(앞일의 좋고 나쁨을 예언한 기록)을 신고 나와 그것으로 나라를 편안하게 다스렸고, 염제라는 임금은 어머니가 신령스런 용의 정기를 받아 낳았다고 합니다. 그리고 요임금은 잉태한 지 14달 만에 태어났고, 한나라를 세운 유방은 큰 못에 살고 있는 용의 정기를 받아 태어났다고 기록되어 있습니다. 세종 임금은 이를 두고 한 말입니다.

세종 임금은 신하들에게 당부하였습니다.

"단군 왕검은 중국의 요임금과 같은 시대에 나라를 세우고 나라 이름을 '조선'이라고 정한 우리 민족의 첫 임금이시오. 이것은 중국 역사에도 분명히 기록되어 있소. 그러니 옛날 단군 조선의 수도였던 평양에 단군을 모시는 사당을 짓고 제사를 지내도록 하시오."

뿐만 아니라, 단군의 역사를 정확한 기록으로 남기도록 했으며, 고구려·백제·신라의 시조의 묘도 세워 제사를 지내도록 명하였습니다.

어느 날, 세종 임금이 당시 최고의 학자였던 변계량을 불렀습니다.

"과인이 요즘 정도전이 쓴 고려사를 읽어 보니 많은 부분이 사실과 다르게 기록된 것 같은데, 경은 어떻게 생각하시오?

"아뢰옵기 황공하오나, 그것은 정도전이 명나라의 간섭이 있을까 염려해서 그리 한 걸로 알고 있습니다."

정도전은 태조 이성계가 조선을 건국할 때 큰 공을 세운 사람입니다.

그는 아주 뛰어난 유학자며 정치가였지만, 중국을 천하 제일의 큰 나라로 생각하였습니다. 그래서 중국과 당당하게 맞서 북진 정책을 펴며, 고구려의 옛 영토를 회복하려고 했던 고려의 역사를 깎아내렸습니다.

그것은 자기가 고려를 없애는 일에 앞장을 섰기 때문이기도 하지만, 중국의 눈치를 너무 살폈기 때문입니다.

그런가 하면, 그다지 뛰어난 인물도 아닌 자기 아버지를 역사적인 인물로 기록해 놓은 대신, 고려를 끝까지 지키며 조선 건국에 반대한 충신 정몽주를 역적으로 평가하였습니다.

■ 역사가 세종

"이런 망발이 어디 있소! 우리 신료들이 지나칠 정도로 중국의 눈치를 살피며 기를 펴지 못하고 있으니, 이건 참으로 잘못된 일이오. 중국이 뭐라고 하든 사실은 사실대로 기록해야 올바른 역사가 되는 것 아니겠소? 그러니 경이 나서서 고려사의 잘못된 부분을 바르게 고치도록 하시오."

세종 3년, 변계량과 유관이 고려사의 수정 작업을 무사히 마쳤다고 아뢰었습니다.

기쁜 마음으로 책을 받아 읽던 세종 임금의 표정이 금방 어두워지더니 이내 책을 덮었습니다. 그리고 변계량에게 따져 물었습니다.

"대감, 고려초에는 임금을 어떻게 불렀습니까?"

"화, 황제 폐하라고 하였습니다."

"그래요? 그런데 왜 이 책에는 왕으로 되어 있는 거요? 그리고 그 때에는 왕세자를 무어라고 하였소?"

"태자라고 하였습니다."

"그런데 이 책에는 왜 세자라고 깎아내린 거요?"

"그리고 고려 때에는 임금이 신하들에게 내리는 글을 무엇이라고 하였소?"

■ 역사가 세종

"조, 조서라고 하였습니다."

"그렇지요. 그런데 여기에는 교서라고 되어 있군요. 조서와 교서의 차이는 무엇이오?"

"조서는 황제가 내리는 글이옵고, 교서는 제후가 내리는 글이옵니다."

변계량의 얼굴이 땀으로 범벅이 되었습니다.

"그렇게 잘 알고 있는 경이 어떻게 이런 식으로 고쳐 놓으셨소? 이래서야 누가 이걸 올바른 역사책이라고 하겠소? 역사는 보태서도 안 되지만, 깎아내려서도 안 되는 것입니다. 과인은 이 책을 다시 고칠 것이오."

4년이 지난 후, 유관과 윤회가 다시 고친 고려사를 바쳤습니다. 그러나 세종 임금은 고개를 흔들며, 정인지와 김종서에게 다시 고치도록 명했습니다.

결국 고려사는 20년 가까이 고치는 작업만 되풀이하다가 세종 임금이 세상을 떠난 후인 단종 2년에야 비로소 세상에 나왔습니다.

세종 임금이 이렇게 고려사를 계속 고치도록 한 것은, 무슨 일이 있더라도 역사는 바르게 기록하여 후세에 전해야 한다고 생각했기 때문입니다.

인쇄 기술의 개척자 세종

우리 나라 역사상 세종 임금 때만큼 책을 많이 펴낸 적이 없었습니다. 그러다 보니 세종 임금과 학자들은 자연히 인쇄 기술에도 큰 관심을 갖게 되었습니다. 그 당시 우리 나라의 인쇄 기술은 세계 으뜸이었습니다.

고려 고종 때, 세계 최초로 금속 활자를 만들어 인쇄를 하였는데, 이것은 독일의 구텐베르크가 금속 활자를 만들어 낸 것보다 무려 200여 년이나 앞선 것이었습니다.

조선 시대에 들어와서도 활자는 꾸준히 발달해 왔습니다. 태종 임금 때에는 계미자(1403년 계미년에 만들었다 하여 이름이 붙여진 활자)가 만들어졌으나, 여러 가지 불편한 점이 있어 널리 쓰이지 않았습니다.

세종 임금은 이천과 장영실을 불렀습니다.

"집현전에서 좋은 책을 펴내면 그것을 세상에 널리 보급하여 많은 백성들이 읽을 수 있게 하고 싶소. 그러니 책을 정교하게 인쇄할 수 있는 좋은 활자를 만들도록 하시오."

■ 인쇄 기술의 개척자 세종

명을 받은 이천과 장영실은 계미자의 불편한 점을 고쳐 새로운 활자를 만들어 냈습니다. 특히, 구리 대신 납을 사용하니 활자의 크기도 고르고 훨씬 더 아름다웠습니다.

그리하여 1420년에는 경자자, 1434년에는 갑인자, 1436년에는 병진자가 잇달아 만들어졌습니다. 더욱 놀라운 것은 옛날부터 써 오던 인쇄 방법을 새롭게 바꾸었다는 것입니다.

어느 날, 활자를 만들고 책을 인쇄하는 주자소에 들른 세종 임금이 공원들이 책을 인쇄하는 모습을 보고, 그 곳 책임자에게 물었습니다.

"왜 이렇게 인쇄하는 속도가 느린가?"

"아뢰옵기 황송하오나, 활자를 세우고 고정시키기 위해서는 밀랍을 사용하고 있사온데, 밀랍이 무르기 때문에 몇 장 인쇄를 하고 나면 이렇게 활자가 움직이기 때문입니다."

책임자는 활자가 움직여 헝클어진 활자판을 내보이며 아뢰었습니다.

"쯧쯧! 그것 참, 곤란한 일이로구나."

세종 임금은 심각한 표정으로 활자판을 내려다보고 있었습니다.

잠시 후, 세종 임금이 뜻밖의 질문을 하였습니다.

"활자를 고정시킬 때 왜 무른 밀랍을 사용하느냐? 다른 것은 쓰면 안 되느냐?"
"밀랍을 사용하는 것은 옛날부터 지금까지 계속 써 오던 방법이옵니다. 만약 그보다

■ 인쇄 기술의 개척자 세종

좋은 방법이 있었으면 이미 사용하였을 것입니다."

"하하하, 늘 새로운 방법을 연구해야지. 왜 옛날 사람들이 쓰던 방법만을 좇아하려고 하느냐?"

그러면서 뒤따르고 있던 장영실에게 물었습니다.

"너는 이 일을 어떻게 생각하느냐?"

장영실이 기다리고 있었다는 듯이 대답했습니다.

"밀랍을 붓는 대신 활자 사이에 얇은 대나무 조각으로 칸을 만들어 끼어 넣으면 활자를 세우기도 쉽고, 인쇄를 많이 해도 활자가 흔들리지 않을 것이옵니다."

"그렇지! 과인의 생각도 그러하다. 그러니 자네가 활자를 고정시키는 방법을 좀더 치밀하게 연구하여 주자소의 공원들에게 알려 주도록 하라."

이 방법을 사용하자, 인쇄 속도는 종전보다 20배나 빨라져 하루에도 수십 권의 책을 인쇄할 수 있게 되었습니다.

이러한 활자와 인쇄 기술의 발달로 세종 시대의 문화는 찬란하게 꽃피울 수 있었던 것입니다.

음악가 세종

　세종 임금은 음악을 좋아해서 가끔씩 손수 거문고를 타기도 했습니다.
　어느 날, 거문고를 연주하며 뭔가 곰곰이 생각하던 세종 임금이 맹사성을 불렀습니다. 맹사성이 들어오자 세종 임금이 반갑게 맞았습니다.
　"어서 오시오. 고불 대감. 과인이 들으니 대감의 피리 솜씨가 천하 제일이라던데, 어디 한 번 들려줄 수 있겠소?"
　세종 임금이 뜻밖에도 피리 이야기를 꺼내자, 맹사성은 빙긋이 웃으며 허리를 굽혔습니다.
　"과찬의 말씀이옵니다, 전하. 피리라고 하면 박연이옵니다. 이 나라에서 그를 따를 사람은 아마 없을 것이옵니다."
　"박연이라면, 저 악학별좌로 있는 박연 말이오?"
　"예, 그렇사옵니다. 박연은 늦은 나이에 과거에 급제하였으나, 일찍부터 예악에 뜻을 두고 밤낮으로 연구하였기 때문에 지금은 예악에 관한 한 그를 능가할 만한 사람이 없사옵니다."

■ 음악가 세종

"오호, 그런 인재가 있었다니……."

세종 임금은 내관에게 당장 박연을 불러오라고 명하였습니다. 잠시 후, 박연이 들자 세종 임금이 물었습니다.

"과인이 듣자하니 경이 예악에 통달하였다고 하던데, 그게 사실이오?"

박연이 얼굴을 붉히며 대답하였습니다.

"과찬의 말씀이옵니다. 소신은 그저 소일거리 삼아 성현을 흉내나 내고 있을 뿐, 보잘것이 없사옵니다."

"하하하, 고불 대감과 똑같은 말씀을 하는구려. 그러지 말고 과인에게 경의 피리 소리를 한 번 들려 주시구려."

세종 임금의 분부를 물리치지 못한 박연은, 소맷자락 속에서 피리를 꺼내 입에 물었습니다.

곧이어 맑고 아름다운 소리가 은은히 궐내에 울려 퍼졌습니다. 세종 임금과 맹사성의 얼굴에 환한 미소가 번졌습니다.

박연의 피리 연주가 한창 무르익자, 문득 세종 임금이 한 쪽으로 밀쳐 놓았던 거문고를 끌어당기더니 박연의 피리 소리에 맞춰 연주를 시작하였습니다.

두 사람의 연주를 듣고 있던 맹사성도 슬며시 소맷자락 속에서 피리를 꺼내 들더니 불기 시작했습니다.

　세 사람의 아름다운 연주는 한동안 계속되었습니다. 드디어 박연이 연주를 끝내자, 세종 임금도 거문고를 내려놓으며 두 사람을 칭찬하였습니다.
　"하하하, 정말 대단들 하오. 내 생전에 이렇게 아름다운 음악을 들으며 즐겨 본 적이 없소."
　"망극하옵니다, 전하."
　두 사람이 머리를 조아리자, 세종 임금이 말을 이었습니다.
　"과인이 오늘 경들을 부른 것은 다름이 아니라, 요즈음 악공

■ 음악가 세종

들이 연주하는 음악이 때와 사람마다 그 음이 다르던데, 그 이유가 무엇인지 알고 싶기 때문이오."

그 말에 박연이 얼굴을 붉혔습니다. 예악을 담당하는 악학별좌로서 송구한 마음이 들었기 때문입니다.

"황공하옵니다, 전하. 그것은 지금 우리가 쓰고 있는 기본 12음이 틀리기 때문입니다."

"아니, 기본 12음이 틀리다니 그게 무슨 말이오?"

"아뢰옵기 민망하오나, 지금 악공들이 쓰고 있는 악기들은 구색만 맞춘 것이지 제대로 된 것이 없사옵니다. 또 명나라에서 보내온 편경도 경석을 쓰지 않고 기왓장을 매달아 놓은 것이라 음이 맞지 않사옵니다."

박연은 모든 것이 자기 잘못인 양 곤혹스런 표정으로 말했습니다. 그런데 세종 임금의 얼굴은 오히려 밝아졌습니다.

"바른 말씀이오. 오늘 과인이 경들을 부른 것이 바로 그 일 때문이오."

"그 일 때문이라 하심은……?"

옆에 있던 맹사성이 물었습니다.

"하하하, 우리가 올바른 악기를 만들어야지요. 악기가 없다고 음도 맞지 않는 중국 악기를 들여와 쓰면 되겠소? 그리고 우

리 나라 사람들은 우리 고유의 음악인 향악에 익숙한데, 나라의 제사나 행사 때는 중국 음악인 당악을 연주하고 있소. 이건 참으로 잘못된 일이 아니오? 그러니 경들이 우리의 아름다운 음악을 찾아 정리하고 악보를 만들도록 하시오."

박연은 그 날부터 기본 12음을 맞추기 위한 황종관을 만들고, 제대로 된 악기를 제작하는 데 온 힘을 기울였습니다.

1427년(세종 9년) 5월 15일. 드디어 박연이 왕명을 받아 몇 년 동안 불철주야 온 힘을 기울여 만든 편종과 편경을 비롯한

■ 음악가 세종

60여 종의 새로운 악기가 선보이는 날이 왔습니다.
 세종 임금이 자리에 앉아 새로운 악기들을 둘러보면서 분부를 내렸습니다.
 "참으로 수고 많았소. 어디 한 번 들어봅시다."
 박연이 숨을 가다듬은 다음, 들고 있던 박을 쳤습니다.
맑고 그윽한 음악 소리가
뜰 가득히 울려
퍼졌습니다.

세종 임금과 신하들은 이제껏 들어본 적이 없는 아름다운 소리에 탄복하였습니다. 그리고 그 동안 자기들이 들어왔던 음악이 얼마나 엉터리였는가를 깨달았습니다.
　세종 임금은 두 눈을 지그시 감은 채 고개를 끄덕이며 음악을 듣고 있었습니다.
　이윽고 연주가 끝나자 세종 임금이 박연을 가까이 불렀습니다.
　"정말 훌륭하고 아름다운 연주였소! 경이 아니었으면 누가 우리의 예악을 이렇게 바로잡을 수 있었겠소?"
　"황공하옵니다, 전하."
　박연이 허리를 굽히자, 세종 임금이 빙그레 웃으며 뜻밖의 질문을 하였습니다.
　"그런데 아까 편경 윗단 다섯 번째인 이칙의 음이 약간 높은 것 같았는데, 그 이유는 무엇이오?"
　"예엣?"
　박연은 물론 악공들과 신하들이 깜짝 놀랐습니다.
　'이게 무슨 소리인가? 음이 틀리다니!'
　박연의 얼굴은 흑빛으로 변했습니다. 그도 그럴 것이 자기가 그 동안 수백 번 시험을 해 보았고, 지금도 전혀 느끼지 못했는데, 임금께선 단 한 번 듣고 음이 틀리다고 하니 도저히 믿을 수가 없었던 것입니다.

　박연은 서둘러 편경이 있는 곳으로 가서 이칙의 편경을 벗겨 들고 이리저리 자세히 살펴보았습니다. 그러다가 갑자기 숨을 멈추었습니다.

　'이럴 수가?……'

　편경 한쪽에 먹줄이 남아 있었습니다. 먹줄이 남아 있으니 그 두께만큼 소리가 달라졌던 것입니다.

　박연은 세종 앞으로 와서 무릎을 꿇고 엎드렸습니다.

　"전하, 불충한 신에게 중벌을 내려 주소서. 편경에 먹줄이 남아 있었사옵니다."

　조정 대신들이 모두 탄성을 지르며 웅성거리자, 세종 임금이 흐뭇하게 웃었습니다.

　"하하하, 이렇게 훌륭한 악기를 만들어 낸 경에게 중벌을 내리다니, 그 무슨 섭섭한 말씀이오? 지금 먹줄을 마저 갈아낸다면 더할 수 없이 완벽한 악기가 되지 않겠소?"

　"성은이 망극하옵니다."

　박연과 신하들이 한 목소리로 감사 인사를 올렸습니다.

　세종 임금은 박연의 공을 치하하여 벼슬을 올려 주고, 계속하여 우리 나라 고유의 정악인 아악을 정리하도록 명하였습니다.

비밀 다섯!

세종 이도는 민주주의 법을 도입했었다

행여나 억울하게 벌을 받는 사람이 생길 것을 염려해서 세번까지 재판을 다시 받을 수 있도록 했습니다. 이것을 '삼복법'이라고 했는데, 이는 오늘날의 민주적인 법 제도인 삼심 제도와 똑같은 것입니다.

나라의 근본

세종 임금은 백성들이 해마다 내는 세금에 대해서도 큰 관심을 가졌습니다.

"토지에는 기름진 것과 그렇지 않은 것이 있소. 그런데 지금처럼 땅의 넓이만 따져 세금을 내게 하는 것은 공평하지가 않소. 그리고 해마다 기후가 달라 흉년이 들 때가 있는가 하면 풍년이 들 때도 있소. 그런데 매년 같은 땅이라고 똑같이 세금을 매기면 흉년이 들 때는 백성들이 큰 곤욕을 치르게 될 것이 아니오? 그러니 보다 합리적인 세금을 내게 하는 방도를 연구해 보시오."

세종 임금의 명이 떨어지자, 많은 신하들이 반대하였습니다.

"전하, 세금은 나라를 유지해 나가는 데 꼭 필요한 것입니다. 그런데 토지의 좋고 나쁨을 따져 등급을 매기면, 백성들은 저마다 자기가 소유하고 있는 토지의 등급을 낮추어 세금을 덜 내려고 할 것입니다."

"그러하옵니다. 토지 등급을 심사하는 관원들의 공평성도 문

■ 나라의 근본

제가 될 수도 있습니다. 또, 해마다 풍년과 흉년의 등급을 나누어야 한다면 이 역시 많은 문제점이 생길 수 있습니다."
갑자기 세종 임금의 목소리가 높아졌습니다.
"아니, 관원들의 공평성이 의심되어 잘못된 제도를 그냥 두어야 한단 말이오? 어떻게 공평치 못한 사람이 관원이 될 수 있단 말이오? 그럼, 우선 그것부터 고쳐야겠구려."
"그, 그게 아니오라……."
신하들이 당황하여 변명하려고 들자, 세종 임금은 다시 이렇게 따져 물었습니다.
"그게 아니라면, 좋은 토지를 갖고 있는 사람들에게 불이익이 돌아갈까 염려가 된단 말이오? 도대체 좋은 토지를 많이 가진 자들은 누구요?"
"……."
세종 임금은 조정 대신들이 왜 반대하고 있는지 잘 알고 있었습니다. 당시 나라의 좋은 토지는 대부분 그들과 그들 집안 사람들이 차지하고 있다는 것을.
엄한 추궁에 아무도 입을 열지 못하자, 세종 임금은 더욱 놀라운 말을 하였습니다.
"좋소. 그렇다면 어떤 세금 제도를 더 공평하다고 생각하는지 백성들에게 직접 물어 봅시다."

이 말에 대신들은 모두 경악하였습니다.

"아, 아니되옵니다, 전하!"

그 당시는 나라의 정책에 대해 백성들에게 옳고 그름을 묻는다는 것은 실로 상상조차 할 수 없는 일이었습니다. 그래서 조정 대신들은 물론이요, 세종 임금의 심복이나 다름없는 황희와 맹사성까지 반대하고 나섰습니다.

"전하, 백성들에게 나라의 정책에 대해 묻다니오? 천부당만부당한 일이옵니다. 거두어 주오소서."

"그러하옵니다. 나라일을 백성들에게 묻게 되면 앞으로 백성들이 조정을 우습게 생각할 것입니다."

그러자 마침내 세종 임금은 분통을 터트렸습니다.

"이것들 보시오! 나라의 근본은 조정이 아니라 백성들이오. 그래서 과인은 백성들의 뜻에 따르기로 했소."

세종 임금은 신하들의 반대를 물리치고 직접 각 지방에 조사관을 내려 보내 백성들의 의견을 모아왔습니다.

그 결과, 새로운 조세법이 탄생되었습니다. 전국의 토지를 6등급으로 구분하여 정하고, 매년 풍년과 흉년의 등급을 9단계로 나누어 세금을 매기게 하였습니다.

■ 나라의 근본

　이것이 바로 '전분 6등법'과 '연분 9등법'이라는 우리 나라 최초의 민주적인 세금 제도입니다.

　세계 역사상 임금이 귀족도 아닌 백성들에게 직접 의견을 물어 세금 제도를 고친 예는 없습니다.

　민주주의 정치가 일찍 시작되었다는 영국에서도 귀족들이 자신들의 권익을 보장받기 위해서 왕의 권한을 제한한 적은 있지만, 왕이 스스로 백성들의 이익을 위해서 세금 제도를 고친 것은 그 유례가 없습니다.

　세종 임금은 여기에 그치지 않았습니다. 각 지방에 암행 감사관들을 직접 내려 보내, 고을 수령들이 부정을 저지르지 못하도록 감시하였습니다.

　세종 임금의 이와 같은 치밀하고 끈질긴 노력 덕분에 백성들의 살림살이는 조금씩 안정되었습니다.

　세종 임금은 백성들이 억울한 일로 고통을 받지 않게 많은 배려를 하였습니다. 그래서 자기 욕심을 채우기 위해 백성들을 괴롭히는 관리들을 찾아 내어 엄히 다스렸습니다. 그리고 모든 백

성들이 올바르고 공정한 재판을 받아 억울한 일을 당하지 않도록 여러 가지 제도를 마련하였습니다.

당시까지만 해도 백성들이 관가에 잡혀오면 잘잘못을 따지기 전에 무조건 호통부터 치고 보았습니다.

"네 이놈, 네 죄는 네가 알렸다!"

호통에 이어 혹독한 매질과 고문을 가하면, 아무런 죄가 없는

■ 나라의 근본

사람도 견디지 못하고 거짓 자백을 하여 죄를 뒤집어쓰는 경우가 많았습니다.

세종 임금은 죄인이라도 무조건 잡아다가 벌을 주고 옥에 가두는 것은 좋은 방법이 아니라고 생각하였습니다.

"사람의 본성은 착한 것이오. 옥에 갇힌 죄인들은 대개가 한 때의 실수로 죄를 지었을 것으로 보오. 어쩌면 그들 중에는 자기가 무슨 죄를 지었는지도 모른 채, 억울하게 옥살이를 하는 사람도 있을 것이오. 그러니 그들에게 어떤 법을 어겨 벌을 받고 있는지 자세히 알려 주도록 하시오."

세종 임금의 명이 내려지자, 이번에도 신하들의 반대가 만만치 않았습니다. 신하들은 임금과는 반대로 법을 엄하게 해야 나라의 기강이

잡힌다고 하였습니다.

"전하, 죄인들을 엄하게 다스려야만 다른 사람들이 두려워하여 죄를 짓지 않을 것입니다. 만약에 형벌이 느슨해지면 사람들이 법을 가볍게 알아 법을 어기는 사람들이 점점 늘어날 것입니다."

세종 임금은 그런 신하들을 타일렀습니다.

"아무리 죄를 지었다 해도 그들도 과인의 백성들이오. 자식이 죄를 지었다고 어떻게 부모가 내칠 수 있겠소? 오히려 따뜻하게 보듬어 주어 바른 길로 이끌어야 하지 않겠소? 그리고 죄인이 늘어난다면 그것은 법이 잘못된 게 아니라, 과인이 백성들을 잘못 다스렸기 때문일 것이오. 앞으로 죄인들이 자기 죄를 뉘우치고 착하게 살려고 마음을 고친다면 그들을 함부로 다루지 않도록 하시오."

세종 임금은 행여나 억울하게 벌을 받는 사람이 생길 것을 염려해서 세 번까지 재판을 다시 받을 수 있도록 하였습니다. 이것을 '삼복법'이라고 했는데, 이는 오늘날의 민주적인 법 제도인 삼심 제도와 똑같은 것입니다.

그리고 재판을 너무 오래 끌어 죄인을 옥에 오래 가두는 일이 없도록 하였으며, 적용되는 법률이 애매할 경우에는 처벌이 가

■ 나라의 근본

벼운 조항을 적용하라고 명하였습니다.

뿐만 아니라, 세종 임금은 죄인들을 함부로 때리지 못하도록 법을 고쳤습니다. 그리고 노인과 어린이들을 특별히 보호하여 일흔이 넘은 노인과 열다섯 살이 안 된 아이는 감옥에 가두지 못하게 하였습니다.

이로 보아 세종 임금은 얼마나 백성들을 사랑하는 어진 임금인지 알 수 있습니다.

백성을 위하는 길

세종 임금은 가뭄과 홍수를 극복하는 데 그치지 않고 더 좋은 농사법을 찾아 내는 데도 많은 노력을 기울였습니다.

어느 날, 집현전 학자들과 학문에 대해 이야기를 나누던 세종 임금이 말머리를 돌렸습니다.

"임금이 아무리 나라를 훌륭하게 다스린다 해도 백성들이 헐벗고 굶주린다면 그게 다 무슨 소용이 있겠소? 요즘 과인이 듣자하니 몇 년째 계속되는 흉년으로 많은 백성들이 고생을 한다던데, 이를 타개할 무슨 좋은 방도가 없겠소?"

"전하, 농사는 날씨와 관계가 깊은 것이라, 어쩔 수 없는 것이옵니다. 흉년을 넘길 수 있는 좋은 방도를 찾아보겠나이다."

학자들은 세종 임금의 뜻을 헤아리지 못하고 엉뚱한 대답을 하였습니다. 세종 임금은 고개를 저었습니다.

"농사가 잘 되고 못 되는 것이 반드시 날씨에 좌우된다고만 할 수 없는 일이오. 생각해 보시오, 같은 마을에서 벼농사를 짓더라도 짓는 방법에 따라서 수확량이 크게 달라지지 않소?

■ 백성을 위하는 길

그러니 각 지방에서 전해 오는 좋은 농사법을 조사하여 책으로 만들어 백성들에게 알리면 농사에 큰 도움이 될 것이오."

그러자 반대하는 신하들이 있었습니다.

"불쌍한 백성들을 아끼고 사랑하는 전하의 거룩한 뜻은 충분히 알고 있습니다. 하오나 아무리 훌륭한 책을 펴낸다고 해도 농사를 짓는 백성들이 글을 모르는데, 그 책이 무슨 소용이 있겠습니까?"

"그건 그렇지 않소. 백성들은 글을 모르지만, 관원들은 글을 알지 않소? 관원들이 대신 읽어 주어서라도 백성들에게 좋은 농사법을 알려 주도록 하시오."

"성은이 망극하옵니다."

세종 임금은 말을 이었습니다.

"우리 나라에도 농사에 관한 책이 없는 것은 아니오. 그러나 대부분이 중국에서 들여온 것들이지 않소? 중국과 우리 나라는 기후도 다르고 토질이 다른데, 그런 책이 무슨 도움이 되겠소? 그러니 경들이 우리 땅에 알맞은 좋은 농사법을 조사하여 책으로 펴내도록 하시오."

세종 임금은 농사책 펴내는 일을 신하들에게만 맡기지 않고 직접 참여하였습니다. 신하들을 모아 놓고 농사에 대한 여러 가

지 의견을 묻기도 하고, 같은 넓이의 땅에서 더 많은 곡식을 거두어 들일 수 있는 방법을 연구했습니다. 그리고 경복궁 서쪽에 농토를 마련해서 직접 경작하기도 했습니다.

또 각 지방으로 사람을 보내어 그 지방만의 독특하고 좋은 농사법을 모았습니다. 이렇게 해서 1429년 (세종 29년)에 '농사직설' 이라는 책이 만들어졌습니다.

세종은 이 책을 각 지방으로 내려

■ 백성을 위하는 길

보내면서 수령들에게 당부의 말을 잊지 않았습니다.

"사람이 살아가는 데 가장 중요한 것이 농사이다. 이번에 나라에서는 경험을 토대로 곡식을 많이 거둬들일 수 있는 방법들을 모아 '농사직설'이라는 책을 펴냈다. 그리고 과인이 직접 이 책에 따라 여러 가지 농사짓는 법을 시험해 보았더니, 심한 가뭄에도 곡식들이 말라 죽지 않게 할 수 있었고, 잘 자란 농작물을 가뭄에서 지켜낼 수 있었다. 그러니 백성들이 이 책을 따라 농사를 짓는다면 날씨가 고르지 않더라도 흉년을 막을 수 있을 것이다. 고을 수령들은 이 말을 잘 새겨듣고 농민들을 잘 가르쳐서 이끌도록 하라."

이렇듯 세종 임금이 농사에 대해 많은 노력을 기울인 결과, 좋은 성과를 올릴 수 있었습니다.

❖   ❖   ❖

세종 임금은 의학에 대해서도 아주 폭넓은 지식을 갖추고 있었습니다. 그는 나라가 부강해지려면 무엇보다 백성들이 건강해야 한다고 생각했습니다.

세종 임금은 왕위에 오르기 전부터 많은 의학책을 즐겨 읽어 자신의 어머니인 원경왕후가 학질을 앓았을 때나 동생 성녕대군이 아플 때에, 스스로 의학책을 보며 의원들을 데리고 직접 약을 처방하고 짓기도 하였습니다.

어느 날, 학자들을 불러 모은 자리에서 세종 임금이 명하였습니다.

"우리 나라 사람에겐 우리 산하에서 나는 약초가 제일이오. 그리고 우리 나라 사람들에게 알맞은 섭생법이 따로 있을 것이오. 그런데 지금 우리는 중국에서 들여온 의학책에 의존하여 병을 고치다 보니, 약값은 턱없이 비싼데, 그 효능을 제대로 얻지 못하는 경우가 많소."

세종 임금이 이렇게 의술에 많은 관심을 쏟고 있는 까닭은 자신도 여러 가지 병을 앓고 있어서, 그 누구보다 환자들의 고충을 잘 알고 있기 때문입니다.

이런 사실을 잘 알고 있는 신하들은 아무 말없이 고개를 숙이고 있었습니다. 세종 임금의 명은 계속되었습니다.

"듣자하니, 지방마다 약초를 캐는 때가 다르고, 약초가 쓰이는 용도도 다르다고 하오. 또, 의원들도 약재를 다루는 방법이나 침을 놓고 병을 다스리는 방법이 제각기 다른 걸로 알고 있소. 그러니 경들이 이런 것을 모두 조사하여, 약재의 효능과 병에 따라 가장 효과적인 방법을 연구하여 그것을 책으로 펴내도록 하시오."

이렇게 해서 나온 것이 '향약채취월령' 과 '향약집성방' 입니다. 이 중 '향약집성방' 은 85권이나 되는 방대한 의학 백과사전입니다.

세종 임금은 이런 책들을 많이 인쇄하여 나라 안에 골고루 보급하였습니다.

여기에 그치지 않고, 세종 27년에는 나라 안의 모든 의학책을 모아 '의방유취' 라는 책을 펴냈는데, 이 책은 무려 365권이나 되는 방대한 것이었습니다.

세종 임금의 이런 노력은 우리 나라 의술을 크게 발전시켰습니다. 그리고 훗날 허준이 '동의보감' 을 펴내는 데에도 많은 도움을 주게 되었습니다.

삼강행실도

어느 날, 세종 임금이 집현전 학자들에게 물었습니다.

"옛날 성현들이나 학자들 모두 입을 모아 사람은 도리를 지켜야 한다고 하는데, 그 도리라는 게 대체 무엇이오?"

너무나 뻔한 물음이라 학자들은 당황하였습니다. 임금이 왜 이런 질문을 하는지 몰라 서로 눈치만 보고 있는데, 한 학자가 조심스럽게 입을 열었습니다.

"전하, 무슨 연유로 그런 하문을 하시는지 모르겠사오나, 도리란 사람이 세상을 살아가면서 마땅히 지켜야 할 바른 마음가짐과 행동을 가리키는 것이라 알고 있습니다."

"하하하, 그래요. 그런데 내 물음은 그 바른 마음가짐과 행동이 무엇이냐는 것입니다."

세종 임금의 물음에 학자는 다시 대답하였습니다.

"가장 기본이 되는 것은 삼강오륜이 아닐런지요?"

"그렇소! 과인도 그렇게 생각하오. 그런데 우리 백성들이 삼강오륜이 무엇인지 알고나 있겠소?"

■ 삼강행실도

　신하들은 그만 입을 다물었습니다. 글을 모르는 백성들이 삼강오륜이 무엇인지 알 까닭이 없었기 때문입니다.
　삼강이란 군위신강(君爲臣綱 : 임금은 신하의 모범이 되어야 함), 부위자강(父爲子綱 : 아버지는 자식의 모범이 되어야 함), 부위부강(夫爲婦綱 : 남편은 부인의 모범이 되어야 함)의 세 가지 도리입니다.
　그리고 오륜은 군신유의(君臣有義 : 임금과 신하 사이에는 의리가 있어야 함), 부자유친(父子有親 : 부모와 자식 간에는 친함이 있어야 함), 부부유별(夫婦有別 : 남편과 부인 사이에는 구별이 있어야 함), 장유유서(長幼有序 : 윗사람과 아랫사람 사이에는 질서가 있어야 함), 붕우유신(朋友有信 : 친구 사이에는 믿음이 있어야 함)의 다섯 가지 도리를 말하는 것입니다.
　세종 임금이 학자들을 둘러보며 다시 물었습니다.
　"백성들에게 삼강오륜의 도리를 가르쳐 줄 수 있는 좋은 방법이 없겠소?"
　학자들은 서로 얼굴만 살필 뿐 아무 말이 없었습니다.
　사람을 가르치는 방법에는 글과 말이 있는데, 백성들이 글을 모르니 말로 가르칠 수밖에 없는 노릇입니다. 그렇다고 지방 관리들이 생업에 바쁜 백성들을 모아 놓고 삼강오륜을 가르칠 수는 없는 노릇입니다.

신하들이 아무 말도 하지 않자, 세종 임금의 옥음이 학자들의 머리 위에 떨어졌습니다.

"아무리 좋은 것이라도 백성들이 필요를 느끼지 않으면 소용이 없는 것이오. 다시 말해서 왜 사람이 삼강오륜과 같은 도리를 알아야 하는지 그것부터 가르쳐 주어야 하오."

세종 임금이 백성들에게 사람의 도리를 가르쳐 주려고 한 것은 어제 오늘의 일이 아닙니다.

1428년(세종 10년) 10월, 형조에서 온 나라를 벌컥 뒤집어놓을 만한 소식을 아뢰었습니다.

"진주에 사는 김화란 자가 제 아비를 죽였사오니, 법에 따라 극형에 처하소서."

세종 임금은 크게 탄식하였습니다.

"아내가 남편을 죽이고 종이 주인을 죽이는 일은 혹 있는 일이지만, 이제 아비를 죽이는 자가 있으니 이것은 과인이 덕이 없는 까닭이로다."

조정의 모든 신하들은 백성들에게 본보기가 되도록 김화를 극형에 처하는 것이 마땅하다고 주장했습니다. 특히 허조와 같은 이는 크게 분개하여 다음과 같이 아뢰었습니다.

"신의 나이 이미 예순이 넘어 세상 일을 대강은 아옵니다만,

자식이 부모를 죽인 참담한 일은 아직 들어보지 못했나이다. 이 기회에 아랫사람이 윗사람을 범하면 반드시 엄한 벌로 다스리도록 하소서."

그러나 세종 임금의 생각은 달랐습니다. 죄인을 극형에 처하는 것보다 우선 왜 그런 일이 일어났는지 따져 보고, 다시는 그런 흉악무도한 일이 일어나지 않도록 하는 것이 중요하다고 생각했습니다. 그리하여 신하들에게 풍속을 아름답게 이끌 방도를 연구하라고 명했습니다.

대부분의 신하들이 이렇다 할 방도를 내놓지 못하고 있을 때 변계량과 설순이 아뢰었습니다.

"전하, 효행록 등의 서적을 간행하여 어리석은 백성들을 깨우치도록 하소서."

이들의 말을 옳다고 생각한 세종 임금은 즉시 각 도의 관찰사에게 명령을 내렸습니다.

"각 지방에 있는 효자와 열녀, 의인들의 이야기를 조사해서 조정에 올리도록 하라."

그러자 수많은 이야기가 모아졌습니다.

병에 걸린 부모를 살리기 위하여 자신의 살을 베어 먹인 효자, 한겨울에 얼어붙은 강의 얼음을 깨고 들어가 잉어를 잡아 부모의 약으로 쓴 효자, 병든 남편을 잘 섬긴 열녀 이야기, 나이 많은 시부모를 극진히 모신 홀며느리 이야기 등 이루 헤아릴 수가 없었습니다.

　세종 임금은 이것을 모두 집현전으로 보내 책으로 엮게 하였습니다.

　1432년(세종 14년) 6월 9일, 집현전에서 효자와 충신, 열녀들의 이야기를 모아 책으로 펴내었으니, 이 책이 바로 '삼강행실도'입니다.

　이 책은 글을 모르는 백성들을 위하여, 주인공들이 행한 행적을 그림으로 그려서 이해하기 쉽게 나타냈습니다. 그리고 충신전에는 이성계가 조선을 세우는 것을 반대하다 목숨을 바친 고려의 충신 정몽주와 이성계의 부름을 끝내 외면한 길재의 이야기까지 들어 있습니다.

비밀 여섯!

세종 이도는 압록강과 두만강을 국경으로 했다

압록강과 두만강을 국경으로 삼은 이유는 백두산은 물론, 옛날 우리 조상들의 터전인 압록강과 두만강 이북의 땅까지 우리 영토로 삼으려 한 것입니다.

강한 나라 만들기

"쾅! 쾅! 쾅! 쾅!"

세종 6년, 5월 16일 밤, 갑자기 천지를 진동하는 폭음이 잇달아 들려왔습니다.

"아이쿠! 이게 무슨 소리냐?"

"도대체 무슨 일이 벌어졌기에 이러느냐?"

깜짝 놀란 신하들이 황급히 대궐로 달려와 세종 임금께 아뢰었습니다.

"전하, 큰일났사옵니다! 지금 궁궐 안에 큰 변고가 일어난 듯 하오니 어서 피하시는 게 좋겠나이다."

신하들이 어쩔 줄 모르고 우왕좌왕하자, 세종 임금이 호통을 쳤습니다.

"아니, 경들은 오늘 궁중에서 포를 쏘는 훈련을 한다는 것도 모른단 말이오?"

그 말에 대신들이 깜짝 놀랐습니다.

"아니, 전하. 궁중에서 포를 쏘다니오? 이는 당치 않는 일이

■ 강한 나라 만들기

옵니다. 당장 멈추게 하소서."

"그게 무슨 말이오? 만약 전쟁이 일어나게 되면 궁궐뿐만 아니라 온 나라가 전쟁터로 바뀔 터인데 왜 궁궐에서는 군사 훈련을 하면 안 된단 말이오? 앞으로 궁궐에 활터를 만들어 군사들에게 활쏘기 훈련을 시킬 작정이오. 그리고 과인이 직접 지켜볼 것이오."

그러나 대신들도 호락호락 물러서지 않았습니다.

"전하, 예로부터 궁궐에서 군사를 훈련시키는 예는 동서고금 어느 나라에도 없사옵니다. 부디 거두어 주옵소서."

"그렇사옵니다. 행여 불충한 무리들이 역모라도 꾸민 후, 군사 훈련을 핑계로 무기를 궁궐로 들여올 수 있사옵니다. 군사 훈련을 시키시려면 궁궐 밖에서 행하시는 게 마땅하옵니다."

그러나 세종 임금은 자신의 뜻을 바꾸지 않았습니다. 오히려 군사들의 훈련을 권장하고 그들의 사기를 높이기 위하여 푸짐한 술과 음식까지 내리기도 하였습니다.

세종 임금이 이처럼 궁궐 안에서 군사 훈련을 강행하였던 것은 조선은 유교를 숭상하여 무예를 천시하는 경향이 있었기 때문입니다. 세종 임금의 이런 생각을 바꾸고자 하였습니다.

세종 임금은 백성들이 편안하게 살게 하려면, 무엇보다, 외적들이 감히 넘보지 못할 정도로 나라를 강하게 만들어야 한다고 생각하였습니다. 그래서 많은 군사를 뽑아 훈련시키고, 새롭고 강한 무기를 개발하는 데 노력하였습니다.

어느 날, 세종 임금이 신하들에게 물었습니다.

"화약을 만드는 데는 염초가 꼭 필요한데, 염초 굽는 일이 쉽지 않고 저장량도 많지 않다고 들었소. 어떻게 하면 염초를 많이 만들어 군사들이 화포술을 충분히 익힐 수 있게 하겠소?"

허조와 신상이 아뢰었습니다.

"지금 염초를 굽는 곳은 경상도, 전라도, 충청도 세 곳 뿐입니다. 앞으로는 함경도와 평안도에서도 염초를 굽게 하는 것이 좋겠나이다."

세종 임금은 흔쾌히 허락하였습니다.

"그렇게 하시오. 그리고 염초를 굽고 새로운 화포를 만드는 기술은 국가의 비밀이니 절대로 외국으로 새어나가지 않도록 단속하시오."

이어서 세종 임금은 놀라운 명령을 내렸습니다.

"과인이 들으니 화포를 만드는 화포장의 생활이 매우 어렵다고 하오. 그들이 끼니 걱정, 살림 걱정을 하면서 어떻게 성능이 좋은 화포를 만들어 낼 수 있겠소? 그들에게 은혜를 베풀

■ 강한 나라 만들기

어 아무 걱정 없이 화포 개발에만 열중할 수 있게 하시오."

이에 사기가 오른 화포장들은 밤을 새워 새로운 화포를 개발하는 데 노력하였습니다. 그 결과 이제까지 포탄을 고작 4~5백 보 정도 밖에 날려 보내지 못하던 화포를, 무려 1500보 이상 포탄을 날려 보낼 수 있는 강력한 무기로 바꾸어 놓았습니다.

❖　　❖　　❖

　세종 임금은 틈만 나면 국방의 중요성과 새로운 전략에 대해서 이야기를 나누었습니다. 대마도 정벌 이후 왜구들의 침범은 없어졌지만, 그래도 대마도에 대한 경계를 늦추지 않았습니다.
　어느 날, 세종 임금이 신하들에게 물었습니다.
　"우리 나라는 삼 면이 바다로 둘러싸여 있어 늘 왜구의 침입에 조마조마하고 있소. 만약 왜구가 다시 침범한다면 이들을 손쉽게 물리칠 좋은 방법이 없겠소?"
　신하들이 머뭇거리고 있을 때, 한 대신이 말하였습니다.
　"왜구들은 배를 타고 오기 때문에 많은 양식을 가져오지 못합니다. 그러므로 그들이 우리 땅에 들어왔다 하여도 오래 머물 수 없습니다. 하오니 각 포구에 진지를 쌓고 수군을 배치하여 굳게 지키는 것이 마땅한 줄로 아옵니다."
　늘 들어오던 판에 박힌 대답이었습니다. 세종 임금은 고개를 저었습니다.
　"그런 것은 옛날부터 늘 써 오던 방법이 아니오? 그리고 그런 방법으로는 왜구들이 우리 군사들이 지키고 있는 진지를 피해 민가를 약탈할 때는 속수무책 아니었소? 과인의 생각으로는 왜구들이 육지에 오르기 전에 배와 함께 격침시키는 것이 가장 좋을 것 같은데, 경들은 어떻게 생각하시오?"

"전하, 왜구의 배를 바다에서 격침시키기 위해서는 우리도 배에 화포를 싣고 나가 쏘아야 합니다. 그러나 무거운 화포를 싣게 되면 배의 속도가 느려져 적으로부터 공격을 받기 쉽습니다. 그리고 배에서 화포를 쏘게 되면 그 진동으로 오히려 아군의 배가 상할 염려가 있사옵니다. 그 일은 어렵사옵니다."

"하하하, 바로 그거요! 적들도 그런 일을 어렵다고 생각할 게 아니겠소? 그들이 못 하는 것을 우리가 한다면 그것이 바로 승리를 거두는 지름길이 될 것이오!"

세종 임금은 우선 포탄을 멀리 쏠 수 있는 화포를 만들어 해안 진지에 배치하였습니다. 그리고 무거운 화포를 싣고 싸울 수 있는 튼튼한 전선을 많이 만들게 하였습니다.

얼마 후, 성능이 좋은 화약과 화포가 개발되고, 군사들이 화포를 이용하는 새로운 전술까지 익히게 되었습니다.

대부분의 신하들은 이 모두가 왜구를 막기 위한 준비라고 생각했습니다.

그런데 어느 날, 세종 임금은 가슴 속 깊이 감추고 있었던 뜻밖의 국방 전략을 밝혔습니다.

"지금 우리 나라 남쪽에는 적이 없소. 우리가 무찔러야 할 적은 북쪽에 있소!"

신하들이 깜짝 놀랐습니다.

"아니, 전하, 북쪽에 있는 적이라 하오시면, 혹시 명나라를……."

신하들은 세종 임금이 행여 중국 명나라와 전쟁을 벌이려는 게 아닌가 하여 새파랗게 질렸습니다.

조선은 건국되면서부터 사대교린을 외교 정책으로 삼고 명나라와 친하게 지내려 했습니다. 그러자 명나라는 사신들을 자주 보내 무리한 조공을 요구하였습니다.

당시 명나라의 황제이던 영락제는 중국의 영토를 사방으로 넓히기 위해 전쟁을 벌였습니다. 그리고 거기에 필요한 물자를 주변국들에게 분담시켰습니다.

1423년, 영락제는 북원을 정벌한다면서 조선에 말 1만 필을 요구해 왔습니다. 그 때 조선에서는 온나라를 뒤져 말을 모으고, 한 번에 700여 필씩 수십 차례에 걸쳐 중국으로 보냈습니다.

그 뿐 아니라, 궁녀로 쓸 처녀들을 보내라고 하는가 하면, 사냥에 쓰이는 매(해동청)와 개를 요구하고, 심지어 스라소니까지 잡아 보내라고 하였습니다.

이런 일이 빈번하게 일어나자, 중국을 못마땅하게 생각하는 사람들이 많아졌습니다.

그러나 아무리 명나라가 못마땅하여도 나라를 세운 지 고작 50년 밖에 되지 않는 새로운 나라 조선이 중국 대륙을 통일한 강대국 명나라와 전쟁을 벌인다는 것은 감히 상상도 못 할 일인 것입니다.

신하들의 근심어린 얼굴을 바라보던 세종 임금이 껄껄 웃었습니다.

"하하하, 과인이 왜 중국과 전쟁을 벌이겠소? 그게 아니라, 우리 백성들을 괴롭히고 있는 여진족들을 우리 땅에서 몰아낼 생각이오."

그때서야 비로소 신하들은 긴장을 풀었습니다.

■ 4군 개척

4군 개척

남쪽에서 왜구들이 우리 나라를 괴롭히고 있다면, 북쪽에서는 여진족이 수시로 국경을 넘어와 노략질을 일삼고 있었습니다.

여진족들은 주로 목축업을 하며 살았는데, 땅이 거칠고 기후가 추워서 늘 식량이 부족하였습니다. 그래서 우리 나라에 조공을 바치고 식량을 얻어가곤 했지만, 그것은 몇 번에 불과하고 식량이 떨어지면 매번 국경을 넘어와 도둑질을 일삼았습니다.

이들은 말을 잘 타고 활을 잘 쏘아 재빨리 국경을 넘어와 노략질을 한 후, 바람처럼 사라졌습니다.

이런 일이 빈번하게 일어나자 몇몇 대신들이 세종 임금께 아뢰었습니다.

"전하, 여진 같은 야만족들과 싸우면서 국력을 낭비하는 것은 바람직하지 않습니다. 차라리 그 곳에 사는 우리 백성들을 마천령 산맥 남쪽으로 옮기는 게 마땅한 줄로 아옵니다."

세종 임금은 노기 띤 음성으로 단호하게 말했습니다.

"그게 무슨 말이오? 과인은 조상들이 물려 주신 땅을 한 치도 내줄 수 없소! 과인은 앞으로 우리 조상들의 터전이었던 북쪽으로 영토를 넓혀 나갈 것이오!"

사실 세종 임금 이전부터 압록강과 두만강을 경계로 하는 오늘날의 국경선이 어렴풋이나마 그어져 있었습니다. 특히 동북면 지역은 조선을 세운 이성계의 조상들이 이 곳에서 세력을 키웠기 때문에 태조와 태종 임금은 이 곳을 중요하게 여겼습니다.

세종 임금은 언제든 여진족을 칠 준비를 갖추고 군사들을 훈련시키는 한편, 화포와 같은 신무기를 계속 개발하였습니다.

1432년(세종 14년) 1월, 여진족들이 얼어붙은 압록강을 건너 쳐들어와 우리 백성들을 해치고 가축들을 빼앗아 간 일이 조정

■ 4군 개척

에 보고되었습니다.

"건주 야인(여진족)의 추장 이만주가 기병 400여 명을 이끌고 여연군을 공격하여 우리 백성 48명이 살해되고, 75명이 납치되었으며 마소도 100여 마리가 끌려갔습니다."

세종 임금은 드디어 명을 내렸습니다.

"더 이상 여진족들을 두고 볼 수 없소. 압록강을 건너 여진의 근거지를 쳐 화근을 뿌리째 뽑도록 하오."

그러나 신하들은 군사를 일으키는 일에 반대하며 여러 가지 이유를 들어 싸움을 미루려고 하였습니다. 그러자 세종 임금은 단호하게 말했습니다.

"야만족들에게 수모를 당하고 가만히 있을 순 없소. 싸움을 겁내는 경들에게 싸움을 하라고 않을 것이니, 누구를 총사령관으로 삼는 게 좋을지만 아뢰시오."

신하들은 모두 맹장 최윤덕을 추천하였습니다.

최윤덕 장군은 어려서부터 힘이 세고 활을 잘 쏘았습니다.

그가 소년이던 어느 날이었습니다. 소에게 풀을 먹이려고 산으로 끌고 갔다가 호랑이를 만났습니다. 그러나 그는 조금도 겁내지 않고 침착하게 활에 화살 한 대를 먹여 호랑이를 쏘았습니다. 화살을 맞은 호랑이는 거짓말처럼 쓰러졌습니다. 화살 한

대로 호랑이를 죽인 것입니다.

그 후 벼슬길에 오른 그는, 태종 임금 때부터는 수많은 전장을 누비며 눈부신 공을 세운 역전의 명장입니다. 특히 대마도 정벌 때에는 삼군도통사가 되어 정벌군을 지휘하기도 했습니다.

세종 임금은 최윤덕 장군을 총사령관으로 삼은 다음, 여진족을 칠 작전을 물었습니다. 최윤덕은 자신이 그 동안 알아낸 여진족에 대한 정보를 소상하게 아뢴 다음, 전격 작전을 펴야 한다고 주장하였습니다.

"여진족의 대부분은 말을 타고 움직이기 때문에 나오고 물러남이 매우 신속합니다. 그리고 방어하기에 용이하도록 부족들이 여러 군데로 넓게 흩어져 있습니다. 이런 것을 모르고 한 부족만을 공격했다간 도리어 그들에게 포위되어 큰 낭패를 보기 십상입니다. 우리가 큰 전과를 올리기 위해선 기병을 동원하여 최소한 서너 방향에서 일시에 공격해야 합니다."

세종 임금은 최윤덕의 의견을 받아들였습니다.

"좋소! 평안도와 황해도 군사 2만을 7개 부대로 편성하여 각기 다른 방향에서 동시에 저들을 공격하도록 합시다. 그리고 이순몽, 최해산, 이각, 이징석 등은 함께 출전하여 최윤덕 장군을 돕도록 하시오."

■ 4군 개척

　　세종 15년(1433년), 최윤덕 장군은 최첨단 무기인 화포로 무장한 기병을 앞세우고 압록강을 건너 여진족의 근거지인 파저강가를 향해 진격하였습니다.

　　"여진 각 부족을 일시에 공격하여 적들이 서로 연락을 주고받을 틈을 주지 말라. 단, 노약자와 어린아이들은 죽이지 말고, 항복한 자는 살려 주어라."

　　드디어 최윤덕 장군이 공격 명령이 떨어지자, 최첨단 무기인 화포가 먼저 불을 뿜었습니다. 그와 동시에 7개의 부대로 편성된 조선의 정예 기병이 함성을 지르며 여진족 마을들을 향해 동시에 돌격하였습니다.

　　천지를 진동하는 포성과 함께 조선의 기병이 갑자기 쳐들어오자, 여진족들은 대항 한번 변변히 못하고 부리나케 이웃 부족으로 도망쳤습니다.

　　그런데 그 곳에 당도한 여진족들은 다시 한 번 놀랐습니다. 그 곳 역시 조선군의 공격을 받아 온 마을이 불타고 있었기 때문입니다. 건주 야인의 추장 이만주는 혼이 나갈 지경이었습니다.

　　"아니, 도대체 얼마나 많은 조선군들이 쳐들어왔기에 부족마다 이 지경이 되었단 말인가?"

　　여진족들은 곳곳에 흩어져 있던 부족들이 동시에 공격을 받자, 조선의 수십만 대군이 쳐들어왔다고 생각하였습니다. 더구나 화살이 미치지 못하는 먼 거리에서 쏘아대는 화포의 위력에 눌려 모두 북쪽으로 도망쳤습니다.

최윤덕 장군은 수많은 여진족 마을을 샅샅이 뒤져 남아 있는 적들을 사로잡고, 그 곳에 잡혀 있던 많은 우리 백성들과 중국인들까지 모두 되찾아 데리고 왔습니다. 이 때, 우리 측 피해는 전사 4명, 부상 5명에 불과하였습니다.

이 완벽한 승리 덕분에 최윤덕은 우의정으로 승진되었고 그 휘하의 장수들 역시 모두 승진할 수 있었습니다.

세종 임금은 평안도 북쪽 압록강 부근에 여연, 우예, 자성, 무창의 네 개 군을 개척한 뒤 백성들을 옮겨 살게 하였습니다.

6진 개척

우리 나라 동북쪽 끝은 두만강이 감싸듯 흐르고 있었습니다. 그런데 그 곳에는 오래 전부터 여진족들이 자리를 잡고 살았습니다. 이들은 때때로 두만강을 건너와 노략질을 하였습니다.

파저 강가에 살고 있던 여진족을 정벌하고 4군을 개척한 후, 세종 임금은 이 곳 동북쪽 국경으로 눈을 돌렸습니다. 때마침 여진족 사이에 내분이 생겨 부족 간에 치열한 전투가 벌어졌기 때문입니다.

최윤덕의 공격을 받아 세력이 약해진 파저 강가의 여진족들이 다시 세력을 키우기 위해 두만강 부근에 살고 있던 여진족을 공격하여 그 곳을 차지한 것입니다. 그런 보고를 받은 세종 임금은 대신들과 의논하였습니다.

"함길도 관찰사의 장계에 의하면 파저 강가에 살던 건주 여진족이 두만강 가에 살고 있던 여진족들을 공격하여 그 땅을 차지하였다고 하오. 그러나 그 곳은 본래 우리 땅이었소. 그러니 저들의 세력이 더 커지기 전에 내쫓고 우리 땅을 다시 찾는 게

■ 6진 개척

어떻겠소?"

신하들이 또 반대하였습니다.

"전하, 그 곳이 본래 우리 땅이라고 하오나, 여진족들이 뿌리를 내리고 살아 온 지 오래되었습니다. 하온데 하루 아침에 그들을 내쫓는다는 것은 전쟁을 벌이는 것보다 더 힘든 일이옵니다. 차라리 그들을 달래서 우리 백성들을 해치지 않게 하는 것이 옳은 줄로 아옵니다."

세종 임금은 크게 실망하였습니다.

"그건 좋은 방법이 아니오. 그 동안 저들을 달래 보았지만, 그 때뿐이었지 별 효과가 없지 않았소? 또 달래는 것도 우리가 그들의 잘못을 응징할 힘이 있다는 것을 보여 준 후에야 비로소 효과가 있는 것이오."

신하들은 고개를 숙인 채 말이 없었습니다.

바로 그 때 우렁찬 목소리가 어전을 울렸습니다.

"좌승지 김종서 아뢰오. 옛날에 국토를 넓히는 일은 어려우나 잃기는 쉬운 법이라고 했습니다. 동북 두만강 유역은 본래 우리의 땅이었으나 우리가 소홀히 하는 바람에 여진족의 근거지가 된 것입니다. 이곳을 회복하기 어렵다고 그대로 두면 영영 그들의 땅이 되고 말 것입니다. 마침 여진족 내부에 분란이 일어났다고 하오니, 이 기회를 놓치지 마시고 그들을 북쪽 멀리 몰아내고 영토를 되찾는 것이 마땅하다고 생각되옵니다."

김종서의 말에는 뜨거운 충성심과 굳센 기상이 절절이 배여 있었습니다.

세종 임금의 용안이 환해졌습니다.

"과연 김종서로다! 과인도 늘 한 치의 우리 땅도 남에게 내줄 수 없다고 생각하였노라."

여기에서 잠시 말을 멈춘 세종 임금은 부복해 있는 신하들에게 당부하였습니다.

"과인이 여진을 치려고 하는 것은 싸움을 좋아해서가 아니라, 우리의 땅을 지키려는 것이오. 그러니 경들도 과인의 뜻을 잘 헤아려 대업을 이룰 수 있도록 도와 주시오."

세종 임금은 김종서를 함길도 관찰사로 임명하고, 북방 영토를 회복하라는 명을 내렸습니다.

김종서는 어릴 때부터 다부지고 담력이 커서 도무지 겁이라곤 없었습니다. 같은 또래에 비해 체구는 작았지만, 힘이 장사인 데다 지략 또한 뛰어나서, 나이 많은 아이들까지 그를 우두머리로 받들고 따랐다고 합니다.

이런 김종서이다 보니 글공부보다는 무예 익히기를 좋아해서

■ 6진 개척

활쏘기 · 말타기 · 칼쓰기 등에 열중하여 열 살이 될 무렵에는 웬만한 무사들과 어깨를 겨룰 정도였습니다. 그러나 그의 어머니는 이를 못마땅하게 생각하였습니다. 그래서 어느 날, 아들을 불러놓고 크게 꾸짖었습니다.

"오늘부터 칼과 활을 버리고 글공부에 열중하여라. 만약 그렇게 못 하겠다면 나는 너를 아들로 여기지 않을 것이다."

김종서는 그날부터 글공부에 전념하여 1405년(태종 5년)에 문과에 급제하였습니다. 그러나 글공부를 하는 틈틈이 병법도 연구하여 장수로서의 기량을 닦았습니다. 사람들은 이런 그에게 '대호(大虎 : 큰 호랑이)'라는 별명을 붙여 주었습니다.

이처럼 용맹하고 능력이 뛰어난 김종서라고 하더라도, 오랜 세월 동안 동북 지방에 뿌리를 박고 있는 여진족을 몰아내기란 결코 쉬운 일이 아니었습니다.

세종 15년(1433년), 드디어 김종서는 세종 임금의 명을 받들고 동북 지방으로 부임했습니다. 그러자 여진족들은 온갖 술수를 다 써서 김종서를 내쫓으려고 했습니다.

그러던 어느 날, 김종서가 부하들의 노고를 위로하기 위해 술자리를 베풀었습니다. 분위기가 한창 무르익어갈 무렵, 어디선가 화살이 날아와 김종서 앞에 놓여 있는 술항아리를 깨뜨렸습

니다.

"앗, 장군님, 위험합니다!"

"장군님, 어서 피하십시오. 여진족이 자객을 보냈나 봅니다."

부하들이 새파랗게 질려서 우왕좌왕하더니, 급기야는 자객을 잡겠다며 갑옷과 무기를 찾는 등 한바탕 소란을 피웠습니다. 그런 난리통에도 김종서는 그대로 자리에 앉아 아무 일도 없었다는 듯이 술잔을 비우고 있었습니다. 부하들이 의아해 하는 얼굴로 쳐다보자, 김종서는 껄껄껄 웃었습니다.

"하하하, 그만두고 모두들 자리에 앉아 술이나 마시도록 하게. 화살 한 대에 무슨 소란을 그리도 피우는가? 자, 자, 조금 전 하던 이야기나 계속해 보게나."

부하들은 김종서의 담력에 혀를 내둘렀습니다.

여진족들은 이번에는 간첩들을 한양으로 보냈습니다. 그리고는 김종서가 함길도에서 군사를 길러 곧 반란을 일으켜 한양으로 쳐들어올 것이라는 헛소문을 퍼뜨렸습니다. 그러자 평소에 김종서를 미워하던 신하들이 세종 임금께 아뢰었습니다.

"전하, 군사를 거느린 장수를 한곳에 너무 오래 머물게 하면 아니 되옵니다. 김종서가 북동 지방으로 간 지 이미 수년이 지났습니다. 그런데 아직도 임무를 완수하지 못하고 저렇게 뭉

기적거리고 있는 것을 보면, 필시 그가 딴 생각을 하고 있는 듯 하옵니다."

"그렇사옵니다. 요즘 시중에는 김종서가 군사를 길러 반란을 꾀하고 있다는 소문이 파다하게 퍼져 있습니다. 그러니 즉시 김종서를 불러 소문의 진상을 밝히십시오."

그러나 세종 임금은 김종서를 끝까지 믿고 계속 임무를 맡겼습니다.

무려 7년이라는 긴 세월 동안 김종서는 그 곳에 머물며 수많은 전투를 치르면서 종성·온성·경흥·경원·회령·부령 등에 진지를 굳건히 쌓았습니다. 이것이 바로 훗날 동북 6진이라고 불리는 곳입니다.

세종 임금은 이 곳을 우리 영토로 만들기 위해 두만강과 압록강 줄기를 따라 튼튼한 장성을 쌓고, 우리 백성들을 옮겨 살게 하였습니다. 그러는 한편 우리 나라에 귀화하고 싶어하는 여진족들은 따뜻하게 받아들였습니다.

김종서가 임무를 완수하고 돌아오자, 세종 임금은 그의 노고를 다음과 같이 치하하였습니다.

"동북면 개척은 과인이 있어도 종서가 없었으면 이루지 못하였고, 또 종서가 있어도 과인이 없었으면 이루지 못할 대업이

■ 6진 개척

었노라."

이로써 압록강과 두만강을 경계로 삼는 우리 나라의 북쪽 국경이 이루어졌습니다.

우리 영토를 넓히고 지키려는 세종 임금의 집념은 참으로 대단하였습니다. 세종 14년 어느 날, 세종 임금께서 황희와 여러 신하들에게 말했습니다.

"백두산 부근에 한 땅이 있는데, 옛날 명나라 태조가 그 땅은 고려의 것이라고 하였소. 과인이 지리지를 보니 백두산 앞에 옛 성의 터가 표시되었는데, 그 곳이 바로 명 태조가 말한 땅이라고 생각하오. 그러니 그 성터를 반드시 찾아 내어 우리 나라의 영토로 삼도록 하시오."

이 말은 백두산은 물론이요, 옛날 우리 조상들의 터전인 압록강과 두만강 이북의 땅까지 우리 영토로 삼으려 한 것이 짐작되는 대목입니다.

비밀 **일곱!**

훈민정음은 비밀리에 만들어졌다

만약 새로운 우리글을 만들겠다고 하면, 신하는 물론 나라 안의 유학자들까지 들고 일어나 반대를 할 것이 뻔했기 때문에 비밀리에 우리글을 만들기로 결심 했습니다.

글자가 없는 나라

세종 임금은 수많은 책을 펴내면서도 한 가지 아쉬움이 있었습니다. 그것은 아무리 좋고 훌륭한 책이라도 백성들이 글을 모르니, 그들에게 아무런 도움을 주지 못한다는 것이었습니다.

'농사직설'과 같이 훌륭한 농사 기술 책을 펴내도 글을 알지 못하는 농부들은 그 내용을 알 길이 없었기 때문입니다.

그 때 우리 겨레에는 서로 주고받는 말은 있었지만, 그 말을 기록하는 글자가 없었습니다. 그래서 중국의 한자를 빌려 쓰고 있었는데, 한자는 배우기도 힘들 뿐 아니라, 쓰기도 불편하였습니다.

우리말을 기록할 우리글을 갖자는 노력은 이미 신라 시대부터 있었습니다. 설총이 한자를 이용하여 '이두'라는 글자를 만들었습니다. 그러나 이두는 불편하여 그다지 쓰이지 않았습니다.

우리글이 없다 보니 여간 불편하지가 않았습니다. 세종 임금 당시에도 우리말을 기록하기 위해서는 먼저 한자로 적고, 다시 그것을 읽어 뜻을 새겨야 했습니다.

예를 들어, '아버지 어머니'란 글을 쓰려면 먼저 '父母(부모)'라고 쓰고 읽은 다음, 다시 아버지 어머니라는 뜻으로 새겨서 말해야 했습니다. 이러다 보니 평생 공부만 하는 양반들이나 글을 쓰고 책을 읽을 수 있었지, 일반 백성들은 감히 글을 배울 엄두를 내지 못하였습니다.

세종 임금은 이런 일을 가슴 아프게 생각했습니다.

"백성들을 위해 만든 책인데, 백성들이 글을 몰라 책을 읽지 못하다니 참으로 안타깝도다."

늘 이런 생각을 하고 있던 세종은 놀라운 결심을 하였습니다.

'더 이상 미루어서는 안 된다! 내가 백성들이 쉽게 배우고 쓸 수 있는 우리 글자를 만들어야겠다.'

그러나 이런 생각을 주위 사람에게 드러내놓고 이야기할 수는 없었습니다.

당시 학자들은 중국의 것을 최고로 알고 중국의 것이 아니면 모두 오랑캐의 것이라고 생각하였습니다. 그리고 한자를 중국의 글자가 아니라, 우리글처럼 생각하고 있었습니다. 더구나 그들은 백성들이 모르는 어려운 한자를 알고 있다는 것을 큰 자랑으로 여기기도 하였습니다.

이런 이유로, 만약 세종 임금이 새로운 우리글을 만들겠다고 하면, 신하들은 물론이요, 나라 안의 유학자들까지 들고 일어나 반대를 하여 시작도 못할 것이 뻔했습니다. 그래서 세종 임금은 비밀리에 우리글을 만들기로 결심하였습니다.

세종 임금이 이처럼 비밀리에 우리글을 만들었다는 사실은, '세종 실록'이 뒷받침해 주고 있습니다.

'실록'이란 임금과 조정이 매일 한 일을 빠짐없이 기록하는 일종의 궁중 일지입니다. 여기에는 임금님이 신하들과 주고받은 말은 물론이고, 임금님의 행동과 표정까지도 세세하게 기록되어 있습니다. 그런데 이런 실록에 '훈민정음'이란 말이 처음 실록에 나타난 것은 세종 25년 12월 30일(세종 임금이 훈민정음을 창제하였다고 알린 날)입니다.

만약, 세종 임금이 공개적으로 우리글을 만들기로 했다면 어떤 일이 벌어졌을까요?

아마 일을 시작도 하기 전에 수많은 신하들과 학자들이 반대를 하고 상소를 올리며 온통 난리를 쳤을 것입니다. 그리고 그런 일들은 낱낱이 실록에 기록될 수밖에 없었을 것입니다.

그런데도 세종 임금이 훈민정음을 창제했다고 알리기 전까지는 실록 어디에도 그런 사실이 나타나 있지 않습니다. 그래서 많은 역사학자들은 세종 임금이 비밀리에 한글을 만든 것이 틀

림없다고 주장하고 있는 것입니다.

　새로운 글자를 만드는 일은 수많은 학자가 달라붙어도 이루기 힘든 일입니다. 그렇게 힘든 일을 어떻게 세종 임금은 혼자서, 그것도 남몰래 만들 수 있었을까요?

　실은 세종 임금은 믿고 있던 몇몇 집현전 학사들과 왕자·공주들의 도움을 받았습니다. 물론 이들에게도 새로운 글자를 만든다는 것을 숨기고, 일상적인 학문 연구를 하는 것처럼 꾸몄습니다.

　어느 날, 세종 임금은 성삼문·신숙주·하위지·이석정 등에게 휴가를 주었습니다. 그리고 과제를 주어 연구에 전념하도록 명하였습니다. 이는 '사가독서제'로, 유능한 학자들이 아무 걱정 없이 공부에만 전념할 수 있도록 만든 제도입니다.

　세종의 명에 따라 이들은 삼각산 진관사로 들어가, 임금이 내린 과제를 해결하기 위해 수많은 책을 읽고 학문 연구를 하였습니다. 이런 것들이 모아져 훈민정음 창제의 바탕을 이루게 된 것입니다.

　세종 임금은 세자와 진양대군(훗날 수양대군), 안평대군 그리고 둘째 딸인 정의공주를 불러, 여러 가지를 연구해 보라고 지시한 다음, 그 결과를 묻기도 하였습니다.

이렇게 세종 임금은 비밀리에 새로운 글자를 만들어 나갔습니다. 이 때, 세종 임금이 가장 고심한 것은 단 한 가지였습니다.
　'어떻게 하면 소리와 글자가 일치되어 백성들이 쉽게 배우고 쓸 수 있을까?'
　그리고 글자의 모양을 어떻게 만들 것인가가 문제였습니다. 많은 날을 보내면서 고민에 고민을 거듭해 보았지만, 뾰족한 방법이 떠오르지 않았습니다. 그러던 어느 날 밤, 자리에 누워 궁리를 하던 세종 임금은 무릎을 탁 치며 벌떡 일어났습니다.
　"맞아! 사람이 소리를 내는 발음 기관의 모양을 그대로 본따면 돼!"
　이것은 그 누구도 생각해 내지 못한 기발한 생각이었습니다.
　세종 임금은 사람이 소리를 낼 때, 입술·이·혀·목구멍 등이 어떻게 움직이는지 그 모양을 자세히 살폈습니다. 그리고 소리를 음양오행의 원칙에 따라 갈래를 나누었습니다.

　　ㄱ-어금닛소리 : 뒤 혓바닥을 입천장에 올려 붙이고 거기를
　　　　막아서 내는 소리. 이 때 혀뿌리의 모양은 'ㄱ'과 같다. 소
　　　　리는 '군(君)'의 첫소리와 같다.
　　ㄴ-혓소리 : 혀끝이 웃잇몸에 붙는 모양. 소리는 '나(那)'의

첫소리와 같다.

ㅁ-입술소리 : 입술이 닫혀지면서 내는 소리. 'ㅁ'은 입술 모양, 소리는 '미(彌)'의 첫소리와 같다.

ㅅ-잇소리 : 혀끝이 웃니 뒤쪽 가까이 붙이며 그 사이로 내쉬는 숨으로 내는 소리. 소리는 '술(戌)' 자의 첫소리의 같다.

ㅇ-목구멍소리 : 목구멍을 울리며 내는 소리. 'ㅇ'은 목구멍 모양. 소리는 '욕(欲)' 자의 첫소리와 같다.

세종 임금은 ㄱ, ㄴ, ㅁ, ㅅ, ㅇ 의 기본 글자를 토대로 닿소리 17자를 만들었습니다.

그리고 세상의 중심을 이루는 세 가지 즉, 하늘(·), 땅(ㅡ), 사람(ㅣ)을 본뜨고, 그걸 조화시켜 ㅏ, ㅗ, ㅓ, ㅡ, ㅜ, ㅣ 등 11자의 홀소리를 만들었습니다.

훈민정음 창제

세종 25년(1443년) 12월 30일, 세종 임금은 마침내 새로운 글자를 만들고, '훈민정음'이라 이름을 붙였습니다. 이것은 '백성을 가르치는 바른 소리'라는 뜻입니다.

세종 임금이 그 동안 남몰래 자신을 도왔던 집현전 학자들을 모아 놓고 훈민정음이 완성되었음을 알렸습니다.

"경들의 노고에 힘입어, 드디어 우리글인 훈민정음을 창제할 수 있게 되었소."

정인지 · 신숙주 · 성삼문 · 최항 등 집현전 학자들은 깜짝 놀랐습니다. 그 동안 자신들이 세종 임금의 지시를 받아 수많은 서적을 뒤져 연구하여 임금께 아뢰었던 것이, 단순한 학문 연구가 아니라, 새로운 문자를 만들기 위함이었다는 것을 비로소 알았던 것입니다.

"아니, 전하! 우리글을 만드시다니오? 훈민정음을 어떻게 만드셨나이까?"

집현전 학자들이 놀랐던 것은, 그 동안 세종 임금이 각종 병에

시달리고 있었기 때문입니다. 그뿐아니라, 그런 중에도 수많은 일들을 해내었습니다.

　최윤덕과 김종서로 하여금 4군과 6진을 개척케 하고, 흠경각을 만들고, 측우기를 발명하고, 수표를 세우는 등 잠시도 쉬는 날이 없었습니다. 그런데 그렇게 분주한 나날을 보내는 동안에 소리 소문 없이 새로운 글자까지 만들어 내었다니…….

　집현전 학사들은 세종 임금께 깊은 하례를 올렸습니다.

　"전하……, 감축 드리옵니다……."

　"고맙소. 경들의 노고가 없었다면 과인이 어떻게 이런 대업을 성취할 수 있었겠소?"

　세종 임금의 옥음도 감격으로 떨렸습니다.

　잠시 후, 세종 임금은 집현전 학사들에게 당부하였습니다.

　"과인이 훈민정음을 만들었지만, 이 문자가 그대로 백성들에게 쓰이기는 힘들 것이오. 그러니 경들이 훈민정음의 원리와 사용하는 방법 등을 자세히 밝혀서 누구나 쉽게 배워 편하게 쓸 수 있도록 해 주시오."

　세종 임금은 집현전 학자들에게 따로 임무를 맡겼습니다. 정인지·신숙주·성삼문·최항·박팽년 등에겐 훈민정음의 원리와 사용법 및 해설을 맡기고, 권제·정인지·안지 등에게는 조

■ 훈민정음 창제

선을 세운 선왕들의 공적을 찬양하는 '용비어천가'를 짓도록 하였습니다.

'용비어천가'는 아버지 태종과 할아버지 태조, 그리고 그 웃대의 조상들이 행한 행적을 역사적인 일에 견주어 찬양한 서사시입니다.

세종 임금이 이런 용비어천가를 훈민정음으로 짓게 한 것은, 자신의 선조들의 업적을 기리려는 뜻도 있지만, 훗날 그 누구라도 훈민정음을 쓸데없는 글자라고 천시하며 없애지 못하게 하려는 깊은 생각에서 비롯된 것입니다.

세종 임금은 여기서 그치지 않고 대궐 안에 '정음청'을 신설하여, 훈민정음을 연구하고 한문 서적을 번역하게 하였습니다.

이렇게 훈민정음에 대한 일이 순조롭게 진행되어 가던 중 불행한 일이 일어났습니다.

세종 임금이 쓰러져 자리에 눕고 만 것입니다. 세종 임금은 젊은 시절부터 여러 가지 병을 앓고 있었습니다. 오늘날로 말하면 당뇨·고혈압·신경통·종기·각기·안질 등의 병에 시달리고 있었습니다.

그런 몸인데도 잠시도 쉬지 않고 정사를 돌보며 학문을 연구하며 수많은 것들을 발명하도록 독려하고, 훈민정음까지 창제하였으니, 더 이상 몸이 견디지 못한 것입니다.

세종 임금의 병환이 깊어졌다는 것이 알려지자, 왕비는 물론 왕세자와 왕자들, 그리고 신하들이 대전으로 달려왔습니다.

사실 세종 임금은 몸이 편찮을 때에는 가끔씩 왕세자(훗날 문종)에게 정무를 맡기기도 했습니다. 그렇지만 그럴 때에도 자신은 잠시도 쉬지 않았습니다.

"전하, 너무 과로하신 탓이옵니다. 모든 것을 신들에게 맡기시고 이제 옥체를 보전하소서."

"그렇사옵니다, 전하. 충청도 청주 초수리에 있는 초정 약수가 안질에 아주 효과가 뛰어나다 하오니 그 곳으로 납시어 휴양하심이 옳은 줄로 아뢰오."

신하들의 간곡한 청에 세종 임금도 더 이상 고집을 부리지 못하고 분부를 내렸습니다.

"그렇게 하겠소. 지금 곧 집현전에 기별하여 모든 서적과 훈민정음에 관한 자료들을 그 곳으로 옮기도록 하시오."

신하들은 깜짝 놀랐습니다.

"아니, 전하. 휴양을 하러 가시는데 어찌 서적을 옮기라고 하십니까?"

"휴양을 하더라도 훈민정음 연구를 미룰 수는 없소. 그리하면

■ 훈민정음 창제

새 문자 반포가 그만큼 늦어질 게 아니오? 잠시 쉬면서 책을 볼 것이니 너무 염려 마시오."

이 말에 신하들도 더 이상 말리지 못하였습니다.

세종 임금이 초정으로 휴양을 떠날 채비를 하고 있을 무렵인 1444년 2월 20일, 뜻밖의 상소가 올라왔습니다.

최만리를 비롯하여 훈민정음 창제에 반대하고 있던 집현전 학자들의 상소였습니다.

"…… 신들이 엎드려 생각해 보건대, 전하께서 언문을 제작하신 것은 지극히 신묘하고 지혜가 뛰어난 일이오나, 신들의 구구한 좁은 소견으로는 다음과 같은 일들이 의심되고 염려되오니, 부디 살펴주시기 바라나이다.……"

이와 같은 서두에 이어, 세종 임금이 훈민정음을 창제한 일은 중국을 섬기는 일에 어긋날 뿐 아니라, 오랑캐들이나 하는 일이라고 사정없이 깎아내렸습니다. 그리고 만일 이 일이 중국에 알려져 비난하여 말하는 사람이 있으면, 참으로 부끄러운 일이라고 하였습니다. 그리고 본론에 들어가서는

"옛날부터 구주(중국) 안에도 지방에 따라 풍속과 말이 다르지만, 따로 문자를 만들어 쓰는 경우는 없었사옵니다. 오직 몽고·서하·여진·일본·서번이 글자를 만들어 쓰고 있으나,

오랑캐들의 일이므로, 굳이 말할 필요가 없습니다. …… 그런데 전하께서 따로 글자를 만드신 것은 문명국 중국을 버리고 스스로 오랑캐가 되려는 것이옵니다."

그러면서 설총이 만든 이두는 중국의 한자를 근거로 하였기 때문에 문자(한자)와 크게 다를 바가 없으며, 이두로 인해 문자를 알게 되는 이가 많으니 이로운 것이라고 했습니다. 이어서

"……수천 년 동안 중국의 한자나 이두를 아무 불편함이 없이 쓰고 있는데 어찌하여 번거롭고 무익한 새로운 글자를 만드십니까?……."

라며 세종 임금을 책망하는 말을 서슴지 않았습니다. 더 나아가 훈민정음을 상스럽고 야비한 글자라 부르고, 그것은 학문을 하는 데 방해가 되며, 정치를 하는 데에도 아무런 도움이 되지 않으니 아무리 생각해 보아도 좋은 것이 하나도 없다고 하였습니다.

한 마디로 훈민정음을 만든 것은 큰 실수라는 이야기입니다.

그 뿐아니라, 백성들이 글자를 몰라 억울한 일을 당한다고 했는데, 그런 일은 말과 글이 같은 중국에서도

■ 훈민정음 창제

빈번하게 일어나는 일이라고 했습니다.

 그리고 굳이 언문을 만드시겠다면 조정의 백관들과 의논하여 모두 옳다고 하여도 다시 두세 번을 생각해 본 다음, 중국에 알려 부끄럼이 없고, 먼 훗날 성인이 나와 조금도 의혹됨이 없을 때 비로소 시행되어야 한다고 주장했습니다.

상소문을 읽던 세종 임금은 크게 진노하여 부들부들 떨며 연상을 내리쳤습니다.

"그대들은 도대체 어느 나라 사람이냐! 이 나라가 조선인데, 어찌하여 모든 게 중국과 같아야 하느냐?"

최만리를 비롯한 여러 학사들이 모두 숨을 죽였습니다.

"고얀 것들! 너희들은 어찌하여 설총이 한 일은 옳다고 하며 너희 임금이 한 일은 그르다고 하는가? 도대체 너희가 음운에 대하여 무엇을 알고 있느냐?"

세종 임금은 최만리와 상소를 올린 학사들을 모두 옥에 가두었습니다.

그러나 그들의 재주와 학식을 아껴 다음날 모두 풀어주었습니다.

그런 다음 세종 임금은 신하들을 거느리고 초정으로 휴양을 떠났습니다.

그 곳에 머물면서도 세종 임금은 잠시도 쉬지 않았습니다. 아니 오히려 건강이 회복되는 듯하자, 예전보다 더욱 훈민정음 연구에 몰두하였습니다.

그러자 곁에서 모시고 있던 어의들이 걱정을 하며 쉴 것을 권했으나 세종 임금은 듣지 않았습니다.

■ 훈민정음 창제

　얼마 후, 세종 임금은 신하들에게 궁궐로 돌아갈 뜻을 비쳤습니다.
　"과인이 이렇게 늙어 휴양하는 게 참으로 부끄러운 일이다. 또한 과인이 움직이게 되면 백성들이 번거롭고 고생을 하게 되니 이제 한양으로 돌아가겠다. 그리고 앞으로는 더 이상 이 초정 약수에는 오지 않겠다."

세종 임금은 한양으로 돌아왔습니다.

그러는 사이에도 세종 임금은 성삼문과 신숙주를 번갈아 요동으로 보내, 그 곳에 귀양 와 있는 중국의 한림학사 황찬에게 음운에 대해 여러 가지 자문을 받도록 하였습니다.

성삼문과 신숙주는 요동을 15번이나 오고 간 끝에 1만 3천여 자나 되는 한자음을 모두 우리말로 정리하여 '동국정운' 이라는 책을 펴냈습니다.

1446년(세종 28년) 9월 3일(양력 10월 9일), 세종 임금은 드디어 훈민정음을 세상에 펴냈습니다.

훈민정음 해례본의 첫머리에는 다음과 같이 훈민정음을 만든 까닭을 밝혔습니다.

'우리 나라의 말이 중국과 달라 중국의 한자와 서로 통하지 않는다. 그래서 백성들이 말하고자 하는 것이 있어도 그것을 글로 나타낼 수 없었다. 내가 이것을 딱하게 여겨, 새로 스물여덟 글자를 만들었으니 사람들이 쉽게 배워서 나날이 쓰기에 편하도록 하고자 하노라.'

그러나 많은 사람들이 새로운 문자를 탐탁치 않게 여긴다는 것을 알고, 세종 임금은 훈민정음 보급에 힘을 기울였습니다.

우선 정부에 올리는 문서를 한글로 작성케 하고, 하급 관리를 뽑는 시험을 볼 때, 훈민정음의 사용법을 출제토록 하였습니다.

그리고 많은 한문 서적을 쉬운 훈민정음으로 번역하여 펴내었습니다.

그러나 이 훈민정음은 세종 임금 이후에 많은 천대를 받았습니다. 그것은 한자에 젖어 있는 많은 학자들이 쉽고 편리한 훈민정음을 홀대하였기 때문입니다. 그렇지만 훈민정음은 일반 백성들과 여성들 사이에는 널리 쓰였습니다.

그러다가 근세에 이르러 주시경 선생이 '언문'·'암클' 등으로 천대받던 훈민정음을, '세상에 하나밖에 없는 크고 밝은 글'이라는 뜻인 '한글'로 이름을 바꾸었습니다.

오늘날 세계의 언어 학자들은 하나같이 대한민국의 한글이야말로 그 어떤 소리도 적을 수 있는 '세상에서 가장 과학적인 글'이라고 입을 모아 극찬하고 있습니다.

해동의 요순

훈민정음을 반포하기 전인 1446년 3월 24일, 세종 임금의 왕비인 소헌왕후가 세상을 떠났습니다. 세종 임금의 슬픔은 이루 말할 수 없이 컸습니다.

소헌왕후 심씨는 한 나라의 왕비이면서도 온갖 수난을 다 겪으며 파란만장한 일생을 보낸 분입니다.

세종 임금이 왕위에 오르자마자, 당시 영의정이었던 친정 아버지 심온과 작은아버지 심청이 역모를 꾀하였다는 누명을 쓰고 목숨을 잃게 됩니다. 그러자 친정 어머니와 형제 자매들도 모두 관노가 되고 말았습니다.

하루 아침에 왕비의 친정집이 풍비박산이 나자, 여러 대신들은 역적의 딸을 왕비로 둘 수 없다며 왕비를 폐할 것을 주장했습니다. 그러나 당시 상왕이었던 태종 임금의 반대로 무사히 자리를 지킬 수 있었습니다.

그 때 세종 임금은 왕비에게 아무런 도움을 주지 못하였습니다. 심온에게 사약을 내려 죽게 한 것이 바로 상왕인 태종이었기 때문입니다.

그 후에도 왕비는 몇 명의 자식을 잃는 아픔을 겪기도 합니다.

그런 쓰라린 고통을 당하면서도 꿋꿋이 내전 살림을 잘 이끌고 세종 임금을 도와 태평성대를 이루게 한 훌륭한 분입니다.

세종 임금은 이런 왕후의 명복을 빌기 위해 둘째 아들인 수양 대군에게 부처님의 생애를 기리는 '석보상절'을 훈민정음으로 짓게 하였습니다. 그리고 자신은 직접 '월인천강지곡'을 지었습니다.

1448년(세종 30년) 7월에 세종 임금은 뜻밖의 명령을 내렸습니다.

"창덕궁 문소전 동쪽에 옛날 태조 대왕께서 지으신 불당이 하나 있었소. 그런데 그 곳이 허물어진 후, 다시 돌보지 않으니 과인의 마음이 편치 않소. 그래서 이번에 그 곳에 다시 불당을 세우고 일곱 사람의 승려로 지키게 하는 것이 좋겠소."

이 말에 신하들은 물론 성균관 유생들까지 벌떼처럼 들고 일어났습니다.

조선은 유교를 나라를 다스리는 기본 이념으로 삼아왔기 때문입니다.

"전하, 신성한 궁궐 안에 불당을 두는 것은 당치 않사옵니다.

더욱이 문소전은 영정을 봉안하는 곳이옵니다."

그래도 세종 임금은 뜻을 굽히지 않았습니다.

"내불당을 짓는 일은 내가 이미 결정하였으니 더 이상 거론하지 말라."

그러자 조정은 또 한번 발칵 뒤집혔습니다. 모든 관원들이 사직을 하겠다며 자리를 떠났고, 성균관 유생들도 학당에 나오지 않았습니다.

영의정 황희까지 내불당을 세우는 일에 반대하였습니다. 그러자 세종 임금은 세자에게 양위를 선언하고 수라를 들지 않았습니다. 일종의 단식 투쟁을 벌인 것입니다.

당황한 것은 조정 대신들이었습니다. 이제 불당을 건립하는 일은 둘째이고, 세종의 양위를 막고 수라를 들게 하는 일이 우선이었습니다. 그 무렵 세종 임금의 건강이 극도로 안 좋았기 때문입니다.

결국, 신하들이 두 손을 들고 말았습니다. 세종 임금은 그 해 12월에 내불당을 완성할 수 있었습니다. 그러나 이 일로 세종 임금의 건강은 극도로 악화되었습니다.

병석에 있으면서도 북쪽 국경이 소란해지자, 전군에 비상령을 내려 군사를 동원하는 등 잠시도 쉬지 않았습니다.

■ 해동의 요순

　1449년 겨울, 마침내 세종 임금은 자리에 눕고 말았습니다. 그 동안 심한 병마와 싸우면서도 수많은 책을 펴냈는가 하며 내불당 일로 신하들과 심한 갈등을 겪다 보니, 병이 더욱 깊어진 것입니다.

　세자를 비롯한 왕자들과 대신들은 어의는 물론, 나라 안의 용하다는 의원을 불러들였으나 소용이 없었습니다.

　세종 임금은 지친 몸을 이끌고 여러 왕자들의 집으로 피병을 다녔습니다. 이것은 옛날부터 전해오는 치료 요법으로, 환자의 생활 환경을 바꾸어 병을 다스리려는 것입니다. 그러나 이것도 별 소용이 없었습니다. 더욱 안타까운 것은 세종 임금 대신 정사를 맡아 보는 왕세자까지 큰 병을 앓고 있었던 것입니다.

　세종 임금이 자리에 누웠다는 소식에 온 백성들이 걱정을 하였지만 병은 점점 깊어갔습니다.

　눈병은 바로 앞에 앉은 사람이 누구인지 구분하기 힘들 정도였고, 각기병은 걸음을 옮기기조차 어려울 정도였습니다.

　서기 1450년 2월 17일. 세종 임금은 여덟째 아들 영응대군이 사는 동쪽 별궁에서 조용히 눈을 감았습니다.

　이 때 세종의 나이 쉰 네 살이었고, 왕위에 오른 지 32년이 되던 때였습니다.

임금의 죽음을 알리는 천아성이 울려퍼지자, 임금의 병이 낫기를 고대하고 있던 백성들은 땅을 치며 통곡을 하였습니다.

그러나 성군이 돌아가셨다 하여도 왕위는 비워둘 수 없는 법, 왕세자가 서른일곱의 나이로 왕위에 오르니 이 분이 조선 5대 임금 문종입니다.

문종은 부왕의 덕을 기려 시호를 '영문예무인성명효대왕'으로, 묘호는 '세종'으로 정하였습니다.

조선 왕조 실록에는 세종 대왕에 대하여 이렇게 기록하고 있습니다.

'임금은 슬기롭고 도리에 밝으매, 마음이 밝고 뛰어나게 지혜롭고, 인자하고 효성이 지극하며, 결단력이 있었다. 또한 어릴 때부터 배우기를 좋아하되 게으르지 않아, 손에서 책이 떠나지 않았다. 일찍이 여러 달 동안 편치 않았는데도 글읽기를 그치지 아니하여, 태종이 근심하여 명하여 서적을 거두어 감추게 하였는데, 사이에 한 책이 남아 있어 날마다 외우기를 마지 않으니, 대개 천성이 이와 같았다. 왕위에 오르고 나서도 매일 사야(사경:새벽 1~3시)면 옷을 입고, 날이 환하게 밝으면 조회를 받고, 다음에 정사를 보고, 다음에는 윤대(각 관청의 관리들의 보고를 받는 일)를 행하고, 다음 경연(학자들과 학문을 논하는 일)에 나아가기를 한 번도 게으르지 않았다. 또 처음으로 집현전을 두고 글 잘하는 선비를 뽑아 고문으로 하고, 경서와 역사를 열람할 때는 즐거워하여 싫어할 줄을 모르고, 희귀한 문적(글과 기록)이나 옛사람이 남기고 간 글을 한 번 보면 잊지 않으며 원리와 사례를 잘 살피고 조사하여서, 빠짐이 없도록 하였다. 그리고 예악의 문을 모두 일으켰으매, 기본 음률과 천문 관측 기구 같은 것은 옛날 우리 나라에선 알지도 못하던 것인데, 모두 임금이 발명한 것이고, 구족(모든 친척과 피붙이)과 도탑게 화목하였으며, 두 형(양녕대군과 효령대군)에게 우애하니, 사람이 이간질하는 말을 못하였다. 신하를 부리기를 예도로써 하고, 간하는 말을 어기지 않았으며, 대국을 섬기기를 정성으로써 하였고, 이웃 나라를 사귀기를 신의로써 하였다. 인륜에 밝았고 모든 사물에 자상하니, 남쪽과 북녘이 복종하여 나라 안이 편안하여, 백성이 살아가기를 즐겨한 지 무릇 30여 년이다. 거룩한 덕이 높고 높으매, 사람들이 이름을 짓지 못하여 당시에 해동 요순이라 불렀다.'

문종 임금은 부왕 세종을, 먼저 세상을 떠난 어머니 소헌왕후의 능에 합장하니, 이 곳이 바로 영릉입니다.

🔺 **휴대용 앙부일구**─가지고 다니면서 시각을 알 수 있는 해시계입니다.

2011년 12월 20일 중판 3쇄 발행

글 아이사랑
그림 정소연

펴낸이 김경희
편집 진행 아이사랑

펴낸곳 (주)도서출판 아테나
주소 서울시 마포구 서교동 395-166 서교빌딩 601호
편집 (02)2268-6042 | Fax (02)2268-9422
홈 페이지 http://www.athenapub.co.kr
E-mail bookjjang@hanmail.net
등록 1991년 2월 22일 제 2-1134호

ⓒ 2007 아테나
ISBN 978-89-91494-43-5 73900

* 이 책의 저작권은 (주)도서출판 아테나에 있습니다.
* 이 책 내용의 일부 또는 전부를 사용하려면 반드시 저작권자와 서면을 통한 동의를 얻어야 합니다.
* 책값은 뒤표지에 있습니다. 잘못된 책은 바꾸어 드립니다.